Das ganzjährige Oktoberfest
für reisende Kellner

Ratgeber und Lesespaß
für alle Bierzeltfreunde

„Gemütlichkeit wird da empfunden,
wo Bier, Durst und Humor verbunden."
Volksmund

Inhalt

„Die Gesellschaft ist ein Maskenball,
bei dem jeder seinen wirklichen Charakter verbirgt und ihn durchs Verbergen bloßlegt."

Ralph Waldo Emerson

Vorwort

Servus beinand & hallo zusammen!

Bierzelte und Volksfeste boomen auf der ganzen Welt und haben noch dazu eine sehr lange Tradition in Bayern und Deutschland. Wir Profikellner leben von und mit ihnen. Frei nach dem Motto „Das Leben ist ein großes Fest" verdienen wir mit der Feierlaune unserer Gäste den Lebensunterhalt.

Mit diesem Buch bekommen Sie, als angehende und aktive Kellner und Kellnerinnen, Volksfestgänger, Bier(zelt)liebhaber und Reisende einen Einblick hinter die Kulissen der riesigen Bierzeltmaschinerie. Dabei möchte ich Ihnen unter anderem folgende Fragen beantworten:

- Was macht die Arbeit im Bierzelt so spannend und lukrativ?
- Wie sieht der Tagesablauf eines Kellners / einer Kellnerin im Bierzelt aus?
- Wie schafft man es, alle Gäste im Auge zu behalten?
- Wie körperlich anstrengend ist der Job wirklich?
- Wie benimmt man sich als Gast im Bierzelt?
- Wie funktioniert die Volksfestmaschinerie?

Im Laufe der Jahre haben etliche meiner Kollegen und Kolleginnen zu mir gesagt, dass man über unsere Arbeit als Bierzeltkellner eigentlich ein Buch schreiben müsste. Vier Jahre hat es gedauert, nun bin ich sehr stolz darauf meinen Ratgeber präsentieren zu können. Mir liegt etwas daran, mit diesem Werk das Image der Bierzeltkellner zu verbessern. Kellner und Kellnerinnen gehen einer verantwortungsbewussten, belastenden, harten Arbeit nach. Viele Außenstehende wissen das nicht zu schätzen und sehen in uns Kellnern lediglich jene, die nichts Besseres gelernt haben. Dennoch erwartet man als Gast eine Bedienung, auf die man sich stets verlassen kann.

Was ich in der Bierzeltgastronomie lernen und erfahren durfte, möchte ich an meine Leser weitergeben. Dass mich einst die Bundeswehr zum Kellnern brachte, ist nur eines von vielen besonderen Erlebnissen in meiner beruflichen Laufbahn. Jedoch hat mich meine Zeit beim Bund nachhaltig beeinflusst. Daher ist dieses Buch auch eine Empfehlung an Sie, das zu tun, was Ihnen Freude macht; zum Beispiel Ihr Hobby zum Beruf zu machen und an Ihren Träumen festzuhalten.
Außerdem verrate ich Ihnen informative Tipps und Tricks, sowie Hintergrundwissen, womit Sie garantiert Erfolg haben werden. Durch den Beruf als reisender Kellner in Bierzelten, lassen sich lang gehegte Träume erfüllen. Dafür müssen Sie aber nicht nur bereit sein im Team zu arbeiten. Sind Sie auch bereit außerordentlich hart und konzentriert zu arbeiten? Bleiben Sie dabei stets freundlich zu den Gästen? Lesen Sie dieses Buch und finden Sie heraus, ob dies der richtige Beruf für Sie ist und wie Sie als Kellner erfolgreich sein können. Bedienen Sie mit Leidenschaft!

Zu diesem Buch

Weibliche Kellnerinnen werden auch Bedienungen genannt. Der Einfachheit halber werde ich im Folgenden nur vom Kellner schreiben, ohne die political correctness dabei vergessen zu haben. Ich finde, Kellner liest sich schöner als KellnerInnen. Mein Buch richtet sich jedoch gleichermaßen an Kellnerinnen, Bedienungen wie an Besucherinnen und Volksfestgängerinnen. *Die Krüge hoch!* basiert hauptsächlich auf meinem Erfahrungsschatz als Kellner. Bei meiner Darstellung habe ich versucht möglichst objektiv zu schildern, was mir sicher nicht immer gelingt. Die angeführten Zahlen und Hintergrundinformationen zu diversen Themen, wie zum Beispiel den Arbeitsmodellen für Kellner, habe ich nach bestem Wissen und Gewissen im Internet recherchiert; wobei ich keinen Anspruch auf die Richtigkeit und Vollständigkeit meiner Angaben erhebe. Preise, Besucherzahlen, Traditionen und Trends etc. ändern sich jedes Jahr, somit stellt mein Werk nur eine Bestandsaufnahme in den Jahren 2011 bis 2015 dar.
Fachtexte und Unternehmensprofile, die ich im Text verwende, sind im jeweiligen Kapitel mit Quelle angegeben.

„Nur der genießen kann, ist auch genießbar. Der nicht genießen kann, ist ungenießbar!“

von Unbekannt

Vorgeschichte – mein Weg ins Bierzeltgeschäft

*„Lieber Freund ich rate Dir,
geh ins Bierzelt,
und bei Blasmusik und
Bier hast Du dein wahres
Lebenselixier!“*

Trinkspruch

Mit 21 Jahren hatte ich, trotz eines festen Jobs, nicht genug Geld für meinen Lebensunterhalt. Dem Alltagstrott entfliehen oder gar reisen, war undenkbar und doch so verlockend. So kam ich auf die Idee, einem Servicegesuch eines gutbürgerlichen Gasthofs zu antworten. Von der Arbeit in der Gastronomie versprach ich mir nebenbei schnell verdientes Geld. Obwohl ich zuvor noch nie gekellnert hatte, dachte ich, dass mir dieses Gewerbe liegt. Ich wollte gerne mit Menschen arbeiten und kannte keine Berührungsängste.

Bei meinem Vorstellungsgespräch meinte die Wirtin damals zu mir, dass noch kein Meister vom Himmel gefallen wäre. Das wichtigste für meinen Erfolg wäre mein Wille fürs Kellnern, damit würde es auch klappen. Ich wollte es unbedingt schaffen, zeigte Engagement und Begeisterung. So konnte sie mich gut einlernen. Anfangs wusste ich nicht einmal, wie eine Weinschorle gemischt wird. Da hilft nur sich fragen zu trauen und das Gelernte umzusetzen, nur so kommt man voran und überwindet die anfänglichen Schwierigkeiten. Die ersten zwei Jahre als Bedienung in einem Gasthaus hätte ich niemals gedacht, dass ich in einem Bierzelt als Kellner arbeiten könnte und vor allem, dass ich das später hauptberuflich machen würde.

In dieser Anfangszeit als Kellner wurde ich zur Bundeswehr einberufen und dort fragten mich die Herrschaften nach meinen Hobbies. Da erwähnte ich das Kellnern. Was nun folgte, war aus meiner heutigen Sicht das Beste, was mir passieren konnte: Nach circa fünf Wochen Grundausbildung wurde ich in das Offizierscasino als Ordonanz (so heißen Kellner bei der Bundeswehr) beordert. Nach einiger Zeit fragte mich eine Kü-

„Wer nix derheirat und nix derirbt, der bleibt a armer Schlucker bis er stirbt. Prost!"

Trinkspruch

chenangestellte, ob ich beim örtlichen Volksfest aushelfen wolle. Obwohl sich erst Zweifel in mir regten, da ich nie zuvor in einem Bierzelt gekellnert hatte, sagte ich für ein, zwei Tage zu. So bin ich in das Metier hineingekommen.

Und so nahm alles seinen Lauf: Denn auch im darauffolgenden Jahr konnte ich am dortigen Volksfest arbeiten, dieses Mal an allen fünf Tagen. Daran kann ich mich noch sehr gut erinnern. Denn am sechsten Tag tat mir alles weh und ich wollte nur noch schlafen. Das Tragen der Masskrüge war sehr anstrengend gewesen. Dennoch hatte es Spaß gemacht. Gute Musik, unterhaltsame Menschen und gute Stimmung haben die Schmerzen überdeckt.

Letztlich war ich dann neun Jahre als Ordonanz im Casino verpflichtet; davon knapp sieben Jahre als Geschäftsführer. Gleichzeitig kellnerte ich auf immer mehr Volksfesten, sodass es zu einem finanziell lukrativen Nebenberuf wurde. Dafür brauchte ich dann eine Genehmigung von meinem Kommandeur. Ich baute gute Beziehungen zu Bierzeltbetreibern auf und stellte fest, dass ich keinen anderen Job mehr machen wollte. Sehr verlockend: Das Geld, das ich in kurzer Zeit verdienen konnte. Außerdem: der Spaßfaktor. Jedoch muss ich sagen: Es ist zwar schnell verdient, aber auch hart erarbeitet! Nur wenn Sie körperlich und psychisch einiges aushalten sowie in stressigen Situationen stets eine kühlen Kopf bewahren und zugleich freundlich bleiben, kann ich Ihnen das harte Kellnern im Bierzelt ruhigen Gewissens empfehlen.

Leider haben Bierzeltkellner in der Gesellschaft keinen hohen Stellenwert. Er ist wesentlich niedriger als der von ausgebildeten Restaurantkellnern. Diesem Missstand möchte ich mit meinem Buch entgegenwirken.

Ich kann diesen Beruf nur empfehlen. Er lohnt sich, wenn Sie etwas im Leben erreichen möchten und hart arbeiten. Mit dem Lohn können Sie sich als erfolgreicher Kellner Ihre Träume erfüllen.

Herzlichst
Ihr Wadl Symen

Die Welt der Bierzelte –
vor dem Fest und ums Zelt herum

„Das schönste Geschenk an den Menschen ist die Fähigkeit zur Freude."
Luc de Clapiers, Marquis de Vauvenargues

Auf kleinen Kirchweihen, Kirmes und Kärwas, den größeren Dulten und Volksfesten, am riesigen Oktoberfest kommen Menschen zusammen. Sie feiern, trinken, vergessen ihre Alltagswelt und tauchen für kurze Zeit in eine spannende, genussvolle Festwelt ein. Das Fest ist ein Treffpunkt aller Generationen und verspricht ein Spaß für die ganze Familie zu sein. Bei Livemusik amüsiert man sich köstlich. Nach dem Erleben-Genießen-Erkunden-Prinzip bieten Volksfeste einen Kick für alle Sinne und dabei ein sicheres Vergnügen. Ein kleiner Urlaub bei geringen Kosten. Manchmal werden Volksfeste auch die fünfte Jahreszeit genannt – eine Auszeit vom Alltag. Nette Leute, gemütliches Beisammensein, gute Stimmung, leckeres Essen und eine frische kühle Mass - was will man mehr?

Doch bevor es für die Gäste in den Volksfest-Urlaub geht, muss hinter den Kulissen zuerst kräftig angepackt werden. Bierzelte werden errichtet, Bretter verschoben, Tische und Bänke ausgerichtet. Bei all diesen Aufgaben beteiligen sich diejenigen, die Ihnen später auch Ihr frisch gezapftes Bier servieren. Wir Bedienungen sorgen dafür, dass im Bierzelt alle glücklich, satt und bierselig sind - und natürlich auch für die Sauberkeit im Bierzeltinneren. Bevor die Gäste kommen, kaufen wir Bierzeichen oder Limozeichen im Büro. Diese Zeichen sind meistens Chips oder Papiergutscheine und auf der Vorderseite ist zu erkennen, für welches Getränk der Chip steht. Im Büro kauft man die Chips zum Einkaufspreis; für Bier zu beispielsweise je sechs Euro. Auch während des Festes kann man jederzeit Chips nachkaufen und sich Wechselgeld holen. Vor allem abends, wenn die Musik in voller Lautstärke spielt und man kein Wort mehr versteht, benötigt man viel Wechselgeld. Die Bierzeichenkasse wird nur von engen Vertrauten des Chefs oder Familienangehörigen betrieben. Da geht es um absolutes Vertrauen, weil eine Menge Geld im Spiel ist. Stellen Sie sich vor, Sie laufen raus zu den Gästen, dann bestellen diese bei Ihnen mehrere Massen für jeweils € 6,40. Die 40 Cent entsprechen dem Bedienungsgeld, das heißt Ihr Anteil am Verkauf. Dann laufen Sie zum Bock, fachsprachlich für Theke, legen den Mitarbeitern am Ausschank die Bierzeichen hin und bekommen dafür die Mass. Grundsätzlich gibt es Bierzeichen, bei denen das Bedienungsgeld für Sie als Kellner schon inbegriffen ist sowie Bierzeichen ohne Bedienungsgeld. Im zweiten Fall liegt es dann im Ermessen des Gastes, wie viel ihm Ihre Arbeit als Kellner wert ist. Dazu kommt noch das Trinkgeld.

„Das Essen und Trinken hält uns gesund, aber das Zahlen bringt uns auf`n Hund. Prost!“

Trinkspruch

Mein Tipp: Da Bier sehr viel getrunken wird, bereits vor Festbeginn immer gleich mehr Bierzeichen kaufen, zum Beispiel 100 Stück.

Es gibt auch Festwirte, die mit einem Bon-Kassensystem arbeiten, da kaufen Sie keine Biermarken im Voraus. Das funktioniert dann so wie in einem Restaurantsystem: Dem Kontrolleur neben dem Ausschank zeigen Sie die Masskrüge und er überprüft, ob diese gleichwertig für die Bierzeichen sind. Wenn es passt, dürfen Sie gehen. Abends müssen alle Krüge zum Spülen wieder an den Bock gestellt werden. Natürlich sollte man auch, wenn leere Krüge herumstehen, diese mitnehmen und spülen lassen. Außerdem ist eine Kellner-Regel unbedingt zu beachten: Nie mit leeren Händen zurückgehen! Selbstverständlich muss das Zelt am Tagesende gekehrt werden. Dies übernehmen in der Regel nicht die Servicekräfte, sondern die Ausschankhilfen. Das heißt, ein bisschen eher Feierabend für uns Kellner.

Professionelle Volksfestkellner und Bedienungen sind wahre Multitalente und stets auch selbst Abenteurer. Reiselustig, offen gegenüber Neuem, bereit an allen Orten das eigene Zelt aufzuschlagen, um es nach spätestens zwei Wochen wieder abzubauen. Manchmal fühlt es sich dennoch an, wie wenn man nach Hause kommt. Zum Beispiel dann, wenn einer von den Gästen mich als Kellner, wiedererkennt: Als ich auf einer Berliner Messe an einem der Tische gerade die Teller abräumte, sprach mich ein Ehepaar an. Sie hatten mich wiedererkannt, freuten sich mich zu sehen. Sie erzählten mir, ich hätte Sie bereits während der Künstlerinnentage in Ingolstadt auf dem Schiff bedient. Doch nicht nur das, auch auf dem Sommerfest in Hersbruck waren wir drei zur gleichen Zeit und ebenso auf dem Münchner Oktoberfest sei ich an ihrem Tisch gewesen. Ein großer, schöner Zufall. Eine Bestätigung, das Richtige zu tun.

Bretter, die die Welt bedeuten – wie ein Bierzelt entsteht

Ein lohnendes Vorhaben und was wir dafür benötigen: Einen guten Festwirt, einen Zeltmeister, einen verfügbaren Festplatz für das Zelt, Bedienungen (weiblich) und Kellner (männlich), eine gute Küche usw.

Einen Festplatz haben die meisten Städte, Kleinstädte oder Dörfer. Der Zeltmeister hat die Befugnis und das nötige Knowhow Bierzelte aufzubauen. Denn das Zelt muss zu allererst einmal sicher stehen. Es gibt nach dem Aufbau des Zeltes sogar eine offizielle Abnahme durch die Stadt. Im so genannten Zeltbuch wird jede Abnahme vermerkt. Außerdem wird darin der TÜV für das Zelt vermerkt, der für jeweils drei Jahre gültig ist. Das Zeltbuch bleibt immer beim Zeltbesitzer.

In der Regel ist ein 2000-3000 Mann Zelt in drei bis vier Tagen aufgebaut und in zwei Tagen wieder abgebaut. Innen bestuhlen es dann die Bedienungen einen Tag vor Eröffnung, inklusive der Boxen - wie der Brauerei- oder der Hausbox. Beim Ein- und Ausstuhlen gibt es drei Varianten: Entweder muss ein- und ausgestuhlt werden oder nur ein- oder nur ausgestuhlt werden. Auf den ganz großen Festen wie dem Oktoberfest wird dafür üblicher Weise ein Dienstleister bezahlt; das hängt vom Zelt-

betreiber ab. Ansonsten erledigen die Kellner und Bedienungen diesen Job. Früher gab es für diese Arbeit von den Betreibern meist ein Essen plus ein oder zwei Bierzeichen oder Wertmarken. Heutzutage hängt das mehr denn je vom Festzeltbetreiber ab. Auf Kirchweihen entstehen so vor allem einfache Zelte, auf den großen Volksfesten auch urige Holzhütten.
Bei der Machart der Bierzelte spielen die Brauerein eine große Rolle. Auf einem Volksfest, einer Dult oder Kirmes sind verschiedene Bierzelte von unterschiedlichen Brauereien vertreten. Im Innern sind sie in ihrer Machart ähnlich, unterscheiden sich aber in ihrer Ausschmückung oftmals stark voneinander. So hat jedes Bierzelt seinen eigenen Charakter hinsichtlich der Bestuhlung. Die Boxen zum Beispiel sind etwas Besonderes - wie die Brauereibox oder Hausbox. Außerdem gibt es unterschiedliche Zeltgrößen, je nach Standort eben. Auf den Kirchweihen finden sich vor allem einfache Zelte, aber auf den großen Volksfesten sind auch sehr schöne, urige Zelte oder sogar Holzhütten zu sehen. Bei der Machart spielt die Brauerei eine große Rolle, die ihr Zelt natürlich als Werbemittel nutzen möchte.
Nach der Bestuhlung werden die Tische und Bänke mit einer Schnur ausgerichtet. Im Innern des Zeltes muss ein Ambiente entstehen, in dem sich die Gäste wohlfühlen. Nicht zu vergessen ist auch der gesetzlich vorgegebene Abstand zwischen den Gängen, der beträgt 75 bis 85 Zentimeter. Mindestens zwei Gänge müssen immer vorhanden sein, ein normaler Gang plus ein Fluchtweg. Meistens sind allerdings mehr als vier Gänge in den Zelten. Für die Organisation des Aufbaus und des Schiffes (das Zeltinnere) benötigt der Betreiber zuvor einen Bestuhlungsplan, einen Plan über die genaue Positionierung der Tische und Bänke. Anhand dessen kann er auch den Reservierungsplan erstellen, welchen er anschließend mit den Bedienungen durchgeht, damit diese ebenfalls Bescheid wissen. Zum Schluss der Vorbereitungen erfolgt die Verlosung des Roulierplans, häufig im Team. Dadurch weiß jede Bedienung in einem Team in welchem Service, auch Bedienungsbereich genannt, er oder sie eingeteilt ist und was die genaue Aufgabe sein wird.

Damit die Bedienungen in allen Revieren gearbeitet haben – so heißt das in der Bierzeltsprache – werden zwischendurch Sprünge gemacht. Das sind meist dreier oder fünfer Sprünge. Das bedeutet, dass jeder Kellner täglich drei oder fünf Reihen weiterrückt. Durch dieses Verfahren kommt jeder Kellner durch das Zelt und in die diversen Servicebereiche – er rückt zum Beispiel von Tischreihe eins auf Tischreihe vier und so weiter. Ein normales 2000-Mann-Zelt hat ungefähr zwölf Reihen.
Nach dem Aufbau sind Tische und Bänke nun ausgerichtet, stehen korrekt im Zelt. Dann heißt es für die Kellner die Tische abzuwischen, zu kontrollieren ob zum Beispiel Tische wackeln und sonst alles in Ordnung ist. Getränke- und Speisekarten kommen auf den Tisch.
In ihrer Machart sind die Festzelte im Innenraum sehr stabil. Unterscheidungsmerkmal ist die Ausschmückung des Innenraums: Einen blau-weißen Anstrich bekommen die nieder- und oberbayrischen Zelte, in Franken schmücken wir sie rot-weiß aus. Die regionalpolitischen Farben geben den Ausschlag. Sicherlich gibt es auch andere Farbkombinationen, was das Schmücken im Zelt betrifft. Nun steht das Zelt prächtig dort, erstrahlt in vollem Glanze - bis die ersten Gäste kommen.

„Alles wird am Ende gut, und wenn es noch nicht gut ist, ist es noch nicht fertig."

mein Motto
(aus Best Exotic Marigold Hotel)

Am letzten Tag des Volksfests oder der Kirchweih werden noch in derselben Nacht die Tische und Bänke wieder abgebaut. Für das so genannte Ausstuhlen bekommen die Bedienungen ein, zwei Bierzeichen von manchen Wirten. In dieser Zeit machen die Wirte auch ihre Abrechnung, danach können die Kellner und Bedienungen gehen. Denn für alle Profi-Bedienungen, Köche, Küchenhilfen und Betreiber gilt: „Nach dem Volksfest ist vor dem Volksfest." Schon beginnt man mit dem nächsten Aufbau für ein Fest. Die Spirale nimmt ihren Lauf.

Wenn die Dirndldamen Fahnen schwenken – was dazugehört

„Wenn die Böllerschützen schießen, stehn die Bedienungen bereit zum Massen schleppen."

Volksmund

Drei Dinge gehören neben dem Bierzelt unweigerlich zu einem Volksfest: Blasmusik, der traditionelle Festzug zum Festplatz und der Fassanstich.

Festumzüge leiten mit großem Tamtam ein Volksfest ein und führen die Öffentlichkeit zum Festplatz. Jeder soll sehen, welch schöne Trachten die Vereine haben und wer bei dem jeweiligen Fest mitwirkt. Stets mit von der Partie bei Umzügen: die hiesige Blaskapelle, sie gibt den Ton an. Auch die lokale Politprominenz und die Vereine dürfen nicht fehlen. Sie marschieren durch das Zentrum eines Dorfes oder einer Stadt bis zum Festplatz. Vorneweg trabt ein Pferdegespann der Brauerei, die das Festbier braut, dahinter folgt die Politik mit dem Oberbürgermeister an der Spitze und hinter diesem die Vereine. Dazu kommen die Fahnenschwenker. Die Festdamen tragen raffinierte handgenähte Dirndl und die Männer präsentieren sich in Trachtlederhosen.

An manchen Festen laufen auch die Bedienungen mit, diese dürfen sich noch vor den Politikern direkt hinter der Brauerei einreihen. Diejenigen, die den Umzug mitgestalten, bekommen eine Mass Freibier und ein halbes Hendl. Das wird, stets unterschiedlich, von der Stadt, der Brauerei oder dem Bierzeltbetreiber gespendet. Häufig hält der Festwirt eine Rede auf das jeweilige Volksfest und die ersten Besucher dürfen ein Fass Freibier nach der offiziellen Eröffnung genießen. Der Fassanstich eröffnet das Volksfest. Der erste Bürgermeister oder ein anderes Stadtoberhaupt kreieren einen furiosen Auftakt im Festzelt. Ein, zwei Schläge und ozapft is!
Da ich gerade von Vereinen in Festumzügen schreibe: Heutzutage veranstaltet jeder Verein sein eigenes Fest. Zur gelungenen Durchführung sind gute Organisation gefragt, ein Festwirt und Personal. Dass die Vereine alles selbst in die Hand nehmen, wird immer seltener – denn wer hat heutzutage noch Zeit dafür?
Feuerwehrvereine feiern häufig, weil sie jedes Jubiläum zelebrieren. Da marschieren sie mit den schönen Festdamen zum Festumzug ein und schwenken die Fahnen. Die Kellner müssen hier gut vorbereitet und schnell sein. Oft bestellen die Umzügler die Mass vor, die der Vorstand zahlt. 100 bis 200 Mass Bier werden gezapft, bevor der Festumzug vorbeizieht, viele Radler und auch Spezi sind dabei, damit Engpässe vermieden werden und jeder seine Mass bekommt. Aber nicht nur Feuerwehren, sondern auch Schützenvereine, Gesangsvereine oder Fischereivereine trinken gerne zusammen in Bierzelten. Von Jahr zu Jahr melden sich mehr Vereine bei professionellen Zeltbetreibern, die teilweise Wartelisten haben, wo man Jahre im Voraus sein Jubiläumsfest buchen muss. Mittlerweile hat schon der kleinste Verein sein eigenes Fest mit professioneller Bewirtung. Mit ihren regelmäßigen Festen im Jahresverlauf verschafft die gigantische Vereinskultur in Deutschland uns Kellnern ein sicheres Einkommen.
Um noch einige – vielleicht weniger bekannte – Feste zu nennen: Dazu zählen etwa Fahnenweihen, Burschenvereinsfeste, Backhausfeste, Zwiebelkuchenfeste und Kellerfeste. Beispiels-

weise das Backofenfest rührt von einer ehemaligen ländlichen Tradition her. Im Dorf backte jemand frisches Brot, damit sich das ganze Dorf versammeln konnte und so gemeinsam ein großes Brotfest feierte. Heutzutage wird diese Tradition wieder belebt. Man stellt ein Zelt auf und genießt dort die selbstgebackenen Brote.

Vom Dolce Vita bis zum Vogelsuppentag – Thementage

Vergnügungskultur made in Germany: Wenn es dann mal ozapft ist, das Fest, können Sie als Gast so viele verschiedene Vergnügungsmöglichkeiten wahrnehmen, dass ihnen gar der Kopf schwirrt. Sehen Sie sich nur mal die Thementage an!
Länderabende mit typischen Spezialitäten und Musik sowie gesellschaftliche Thementage versüßen Ihnen den Besuch. Bei besonderen Ereignissen wie Boxkämpfen oder dem Auftritt eines Fernsehstars verlangen manche Betreiber Eintritt. Vor allem im Norden Deutschlands ist das üblich. Länder, die abendfüllend gestaltet werden, sind unter anderem Italien, Frankreich, Türkei (orientalisch), Spanien, asiatische Länder und Russland. Als Morgenprogramm wird der beliebte Weißwurstfrühschoppen angeboten. An den Familien-, Seniorentagen, Kindernachmittagen haben sie vergünstigte Fahr- oder Essensangebote. Außerdem gibt es für Sparfüchse einen Aktionstag. Oder sie finden Sponsorentage aus Funk und Fernsehen, die zum Beispiel einen Volksmusikfrühshoppen finanzieren. Nicht selten stecken die Brauereien hinter den Sponsorentagen, an denen meist zahlreiche Ehrungen stattfinden. Abende für Homosexuelle gehören natürlich ebenso dazu, an denen häufig Schuhplattler ihren Einsatz haben. Man denke an die so genannten Schwuplattler auf der Gay-Wiesn. Ich muss sagen, das ist für einen Kellner ein wahrlich besonderer Tag mit gutem Trinkgeld.
Preissenkungen dürfen Personen mit Behindertenausweis an einem bestimmten Tag genießen. Zum Beispiel Senioren über

70 bekommen eine Mass Bier und ein halbes Hendl gratis von der Stadt gespendet. An manchen Festen findet außerdem ein Tanzabend für Senioren statt. Dann spielen die Wirtshausmusikanten mitten im Publikum oder musizieren von Tisch zu Tisch. Ein Highlight sind natürlich die Hochzeitlader und Gstanzlsänger: Besonders in Ober- und Niederbayern erzählen und singen diese über die Persönlichkeiten des öffentlichen Lebens - da kommen mit spöttischem Unterton die heißen Themen aus Lokalpolitik und Gesellschaft auf den Tisch.

Thementage-Klassiker

Tag der Betriebe und Vereine
Tag der Behörden
Tag der Medien und der Wirtschaft (Medienstammtisch)
Sponsorentage
Miss Dirndl und Mister Lederhosen Wahl
Miss Volksfest
Vogelsuppen-Tag
Kuttelsuppen-Tag
Trachtenmoden-Tag
Blasmusikolympiade-Tag
Country-Abend
Schlachtschüssel-Tag
Maurertag (Handwerkertag)
Kirchweih-Beerdigungstag (Nürnberger Raum)
Der letzte Tag

Sportler, die nicht laufen, Musiker, die nicht saufen und Weiber, die nicht wollen, die soll der Teufel holen...Prost!

ein Trinkspruch

An Kindernachmittagen können Kinder zum Beispiel vergünstigt das Kasperltheater besuchen oder Luftballonspiele machen, sogar Kinderschminken wird angeboten. Zudem kostet manches Essen für die Kleinen weniger. Zum Abschluss und oft zu Beginn eines Festes - ob groß, mittelgroß oder klein - gehört ein Feuerwerk, das Besucher anzieht, die Bedienungen umso mehr laufen lässt und ein Werbehighlight für Stadt, Schausteller und Betreiber bedeutet.

Eine Besonderheit in den Zelten sind ganz spezielle Themenabende, wie eine Transvestiten-Show. Besucherinnen können zudem bei der Ladies-Night oder einer Männer-Strip-Show feiern. In der Nacht der Frauen kommen diese in den Genuss eines Glases Sekt oder einer Rose. Für männliche Gäste sind wiederum die Fußballabende legendär. Auf einer großen Leinwand werden die Spiele der Nationalmannschaft gezeigt und alle, die ins Zelt strömen, bekommen einen Deutschland-Hut aufgesetzt.

Spezial-Thementage - gerade auf kleineren Festen

Goisl`schnolzn
Preisschnupfen
Masskrug-Stemmen
Drischldreschen Wettbewerb
Fingerhakeln
Preisschafkopfen
Baumkraxeln (für Kinder aber auch für Erwachsene)
Volksfestlauftag für Sportler (Frühschoppen mit Preisverleihung)

Kinder - unsere Gäste von morgen

Alarmbereitschaft gilt bei Kinderwägen. Das ist unglaublich, aber wahr! Der Kinder-Familien-Tag wird von einigen Kellnern „Pommes-Monster-Tag mit den Mercedes-Kinderwagen" genannt. Als Kellner muss ich doppelt aufpassen, dass nichts passiert. Da Kinder, wie man sie kennt, viel herumwuseln. Ein Albtraum jeder Bedienung. Manche Eltern wickeln ihre Kleinen unter den Tischen. Na klar, bis sie sich zur Toilette gekämpft haben, haben sie unterm Tisch schneller Zugriff und gar mehr Platz. Die Kinderwägen an sich sind sehr gefährlich, da sie relativ breit und für Bierzelte unhandlich gestaltet sind. Zwischen den Reihen dürfen sie daher nicht abgestellt werden, und werden es doch. Dann gibt es kaum ein Durchkommen für uns Kellner. Kinder dürfen bis zum Alter von sechs Jahren nur bis 20.00 Uhr in den Bierzelten bleiben. Jugendliche bis 16 Jahre können mit Erziehungsberechtigen länger Stimmung machen, sonst ist für sie ebenfalls um 20 Uhr Schluss. Auf kleineren Festen sieht man die Regelung nicht

so genau, bei den Großen jedoch - wie auf dem Oktoberfest - wird strikt kontrolliert. Auch dieses Wissen und der kompetente Umgang damit gehören zum erfolgreichen Kellnern. Und mehr noch zeigt sich darin unsere Arbeitserfahrung. Gerade wenn man bedenkt, dass Kinder unsere Kunden von morgen sind, ist unser freundliches Auftreten das A und O.
Aber es geht auch noch enger zu im Bierzelt: Mit Kinderwagen und Hund! Eigentlich dürfen die Vierbeiner nur im Biergarten sein, aber wenn nicht so viel los ist, sind sie oft mit drin im Bierzelt. Hier gilt: Lächeln und Ruhe bewahren. Denn das Wohlergehen der geliebten vierbeinigen Familienmitglieder wirkt sich mitunter auf unser Trinkgeld aus. Seien Sie auf Fragen wie „Kann ich bitte Wasser für den Hund haben?“ oder bei kleinen und größeren Missgeschicken - wie Hundehaufen oder Erbrochenem im Bierzelt - „Nein, mein Hund war das nicht!“ - immer gewappnet.

Die Helfer der Volksfeste – Sicherheit und Verantwortung

Polizei, Feuerwehr, Sanitäter und Security müssen auf jedem Fest anwesend sein, um die gesetzlichen Auflagen für Volksfeste zu erfüllen. Sie dienen der Sicherheit der Gäste und des Personals.
Sicherheitskräfte werden vom Wirt gestellt und bezahlt. Wie viel Security der Wirt arbeiten lässt, hängt von der Größe des Bierzelts ab. Die Security ist am Bierzelteingang unentbehrlich, weil es manchmal doch Leute gibt, die nicht wissen, wie sie sich im Bierzelt zu benehmen haben. Solche potenziellen Störenfriede lassen erfahrene Securities im Bestfall erst gar nicht ins Zelt. Sollte es im Zelt dennoch zu einer Auseinandersetzung kommen, dann schreitet die Security sofort ein. Ihre Aufgabe ist es, die Polizei zu rufen. Jedoch passiert das, was ich so mitbekomme, seltener als früher. Eher eine Ausnahme sind Handgreiflichkeiten zwischen den Kellnern, aber auch das kommt hin und wieder vor. Am Ende des Abends müssen zunächst

Securities die nun angetrunkenen, lauten und meist fröhlichen Besucher aus dem Zelt treiben. Dies stellt eine gigantische Aufgabe dar und es ist sensationell, wie schnell die Beauftragten das schaffen.
An dieser Stelle ein paar wichtige Hinweise zum Thema Sicherheit und Verantwortlichkeiten im Bierzelt: Die Polizei führt Alkoholkontrollen durch und kontrolliert, ob geraucht wird. Und hier sind Sie als Kellner und Bedienung in der Haft: Laut Jugendschutzgesetz ist die Abgabe von Alkohol an Personen unter 16 Jahren streng untersagt. Die Abgabe von Schnaps an Personen unter 18 Jahren ist ebenfalls verboten. Verlangen Sie von Ihren jugendlich aussehenden Gästen deshalb immer einen Ausweis. Am ersten Tag eines Festes muss man als Kellner neben seinem Arbeitsvertrag immer ein Dokument beim Zeltbetreiber unterschreiben, in dem steht, dass man als Kellner das Jugendschutzgesetz kennt und keinen Alkohol an die besagte Personengruppe verkauft.
Verletzungsgefahr besteht insbesondere, wenn Krüge oder Flaschen zerbrechen oder die Stimmung kippt. Die Securities sollten mitgebrachte Flaschen im Idealfall schon am Einlass abnehmen. Das Besteigen der Tische ist verboten, wogegen auf den Bänken getanzt werden darf. Daher sind die Sicherheitsleute unbedingt wichtig.
Nicht nur als Besucher, sondern auch als Kellner müssen Sie stets Ihren Personalausweis auf ein öffentliches Fest mitnehmen. Das ist Ihre Pflicht. Haben Sie ebenso Ihren Sozialversicherungsausweis dabei, denn der Zoll kontrolliert häufiger als Sie denken.
Die Feuerwehr ist bei kleineren Festen nicht automatisch neben dem Zelt stationiert, sondern wird nur im Notfall vom Festwirt gerufen. Bei großen Festen ist die Feuerwehr permanent am Platz anwesend. Sanitäter sind fester Bestandteil aller Feste. Ein Zelt vom Roten Kreuz ist immer fest installiert. Generell gilt: Wenn Polizei, Sanitäter und Feuerwehr nicht vor Ort sind, werden sie gerufen.

Bierzeltland Bayern - Festzeltrauchverbotsland Bayern

Während man in den anderen Bundesländern noch im Bierzelt qualmen darf, gilt in Bayern seit ein paar Jahren striktes Rauchverbot. Trotzdem gibt es immer noch Raucher, die dieses Verbot gerne mal vergessen. Wenn jemand nach der freundlichen Erinnerung an das Rauchverbot durch uns Kellner weiterraucht, dann geben wir dies an die Security weiter. Die Uneinsichtigen unter ihnen darf die Security notfalls hinausbefördern.

Für uns Kellner sage ich als Nichtraucher, dass das Rauchverbot eine gute Sache ist. Ich habe mich damals über die Einführung des Rauchverbots in bayerischen Festzelten gefreut. Die Kleidung stinkt nicht mehr so nach kaltem Rauch und gesünder ist es auch. Sicher verstehe ich die Besucher und meine Kollegen, dass es sie nervt, wenn sie rausgehen müssen zum Rauchen - dafür bin ich dann gerne da und vertrete sie. Vom Umsatz her sehe ich keinen großen Unterschied zu früher, wo man noch in Bayerns Festzelten rauchen durfte.

„Ohne Rauch geht's auch – Die Luft ist (fast) rein."

Volksmund seit 2010

Mitprofiteure – wer noch am Volksfest verdient

Ein Volksfest ist etwas Schönes. Das denken sich nicht nur die Gäste oder Sie als Bedienung. Das können sicher auch umliegende Betriebe und Unternehmer bestätigen. Die Parksituation und damit verbundene Notsituation rund um einen Festplatz macht so manch einen geschäftstüchtigen Anwohner erfinderisch.

Bei den größeren Volksfesten verdienen nicht nur die Schausteller mit ihren Buden und die Festwirte, sondern auch umliegende Betriebe wie Diskotheken und Hotels, die After-Wiesn-Partys anbieten. Volksfeste lassen den öffentlichen Nahverkehr und sogar die Abschleppdienste einen Gewinn machen. Taxifahrer profitieren maximal von so großen Festen. Rund um die Uhr bedeuten Volksfeste für sie ein riesiges Plus. Nachtlokale freuen sich genauso über Volksfeste in ihrer Stadt, weil diese schon relativ früh schließen und viele danach

„Geld regiert die Welt, ob ich`s glaub oder nicht, ich bin nur ein kleiner Wicht!"

Volksmund

noch weiter feiern wollen. Nach dem Feiern auf dem Fest und vor dem Weiterziehen bekommen natürlich Essensstände, die nach 22 Uhr noch offen haben, regen Zulauf sowohl von Gästen als auch vom Personal der Bierzelte. Besonders rentiert es sich für Dönerbuden und Fastfood Ketten. Darüber hinaus dürfen sich der Bäcker und Metzgereien von nebenan über Großaufträge freuen. Manchmal haben aber die Festwirte ihre Fleischer aus der eigenen Metzgerei dabei. Daneben verdient die örtliche Presse an den Veranstaltungen. Journalisten oder Fotografen besuchen die Feste, um darüber zu schreiben und Werbung zu schalten. Partyfotos werden geschossen und auf den Visitenkarten der Fotografen stehen die Homepages, auf denen sich die Gäste wiederfinden können. Genauso verdient die Stadt mit den Standgebühren auf dem Festplatz. Viele Städte organisieren parallel zu unterschiedlichen Festen andere Großveranstaltungen, wie zum Beispiel während des Gäubodenvolksfests in Straubing die Ostbayernschau, eine landwirtschaftliche Ausstellung, die neben dem Festplatz stattfindet. Von dieser Planung profitieren beide Großveranstaltungen, Wirt und Aussteller. Nicht zuletzt kommt Geld in staatliche Kassen, die GEMA muss natürlich bezahlt werden.

„Die Rose blüht, der Dorn der sticht, wer gleich bezahlt, vergisst es nicht!“
ein beliebter Trinkspruch zum Thema Bezahlung

Mobile Verkäufer

Nun zu den kleinen Profiteuren, die ihre Waren den feierlustigen Gästen im Festzelt und Biergarten anbieten: Verkäufer verschiedenster Art verleiten und verführen die Gäste unentwegt. In der Regel machen diesen Job Schüler und Studenten. Zu den kleinen Profiteuren zählen etwa Rosenverkäufer, Hüte- und Tuchverkäufer, Lebkuchenherzverkäufer, die ihre Herzen auf Wunsch beschriften, Schnupftabakverkäufer, Luftballon- und Hasenohrenverkäufer, Fotografen und Fotoverkäufer, Verkäufer für hölzerne Namensschilder auf Wäscheklammern, Leuchtstäbe-Verkäufer, Promille- und Alkoholtester, Brezen-Verkäufer, Radi-Verkäufer, T-Shirt-Verkäufer, Zigarettenverkäufer (früher), Käse- und Speckstangenverkäufer, Saure-Gurken-Verkäufer (gegen Kater), Spaßbrillenverkäufer (Brillen mit Herzen vorne dran oder Bierkrug-Motiven), Broschen-Verkäu-

fer, Strumpfbandverkäufer (Wunschstrumpfbänder mit einer Markierung für die Mass), Wiesn-Bandl (Armbänder mit Sprüchen, Namensschilder aus Plastik).
Highlight 2014 waren mobile Ladestationen für Handys und Smartphones. 2015 setzten mobile Dienstleister, die zu den modischen Trachten passende Haarkränze flechten, einen neuen Trend. Dem kommerziellen Einfallsreichtum sind keine Grenzen gesetzt.

Das Toilettengeschäft

Die Toiletten stellen einen Bereich dar, bei dem nicht jeder sofort an großes Geld denkt. Aber weit gefehlt! Auf den großen Festen sind diese meist an Fremdfirmen vergeben, auf den kleineren haben die Festwirte selber Wägen und für die Festtage jemanden eingestellt. Wenn jeder, der auf Toilette geht, den Bediensteten 50 Cent gibt, haben diese am Abend einen riesigen Verdienst gemacht. Selbst bei weniger Cents pro Besucher. Denn wer einmal auf dem Oktoberfest war, weiß wie viele Menschen dort herumirren, es sind Tausende. Zweifelsfrei spielt hier die Sauberkeit eine große Rolle. Zu späterer Stunde mit mehr Alkohol im Blut vergisst außerdem manch einer zu zahlen, aber das sei verziehen. Das Personal jedoch hat mit ganz anderen Hindernissen zu kämpfen. Denn bei den ganzen Taschen, die ein jeder an sich hängen hat, dauert das Toilettenprozedere etwas länger.

„Hallo Bedienung, wo sind die Toiletten?"

häufige Frage, auf die man eine Antwort parat hat

Bei den Toiletten herrscht tatsächlich ein harter Konkurrenzkampf. Dass sich dort Geld verdienen lässt, ist mittlerweile einigen zu Ohren gekommen. So hat sich sogar eine kleine Toiletten-Mafia herausgebildet, die dort fleißig zugange ist. Sauber soll es sein, aber viele sind sich für das Säubern zu schade, woraus eine Marktlücke entstanden ist, wie man es an den Sanitärbereichen auf Bahnhöfen sehen kann.

Hunger, Durst, Stimmung – ein wohlgesonnenes Dreiergespann

Die Klassiker bei Speis und Trank – servieren im großen Stil

> *„In einem Bierzelt*
> *ist es passiert,*
> *ein Schankkellner*
> *hat sich geirrt,*
> *und gab*
> *volle Masskrüge raus,*
> *jetzt ist er im Irrenhaus."*
> *ein Kellnerspruch*

Die Speisekarte im Bierzelt hat sich im Laufe der Zeit enorm gewandelt. Früher gab es vorherrschend drei Gerichte: Haxen, Hendl und Bratwurst. Mittlerweile umfasst eine Karte an die 20 Speisen. Die Gäste können zwischen den Klassikern, diversen Brotzeittellern, Schaschlik und vegetarischen Gerichten wählen. Denn die Uhr bleibt nicht stehen und die Gäste von heute sind ihrer Zeit gemäß anspruchsvoller. Für die Kellner bedeutet das mehr Konzentration, mehr Gedächtnisarbeit, mehr Laufarbeit. Die Logistik der Küche in einem Bierzelt, insbesondere in großen Zelten wie auf dem Cannstatter Wasen, ist gigantisch. In den Stoßzeiten muss jeder Handgriff sitzen. Das läuft wie am Band einer Fabrik.

Vier und mehr Essensbestellungen werden von den Kellnern mit dem Tablett, so genannten Schlitten, an den Bierzelttisch serviert. Ganz wichtig ist dabei das aufrechte Tragen des Schlittens. Sonst bekommen Sie als Kellner ganz schnell Rückenschmerzen. Ein voller Schlitten mit 14 Hendl auf Tellern wiegt um die 25 bis 30 Kilo, die der Kellner dann zu tragen hat. Das Gewicht hängt natürlich davon ab, wie schwer der Schlitten an sich ist. Essentiell ist Ihre Sortierung der Speisen auf dem Schlitten – unter Bedienungen wird das Schlichtsystem genannt. Dieses muss stabil sein, sonst vermischen sich die Soßen der verschiedenen Speisen und Sie haben garantiert unzufriedene Gäste. Wenn Sie die Bestellungen am Essenspass – also der Theke – abholen, müssen Sie als Kellner sehr gut aufpassen, was Sie mitnehmen.

Mein Tipp: Immer schauen, ob es wirklich Ihr Essen ist. Auf jedem Essen ist ein Bon, der mit Ihrem identisch sein muss. Es kommt vor, dass ein anderer Kellner das für Sie bestimmte Essen wegnimmt. Dann haben Sie Pech und müssen es selbst bezahlen.

Ein besonderes Verhältnis prägt die Beziehung Küche und Kellner. Hier herrschen oft Spannungen und sich mit den Köchen und Küchenangestellten gut zu stellen, bedeutet ein angenehmes Arbeiten. Es bedarf Fingerspitzengefühl und nicht zu viel Gehabe, um eine gute Kommunikation mit der Küche zu erreichen. Denn letztlich geht im internen Ablauf eines Zeltes nichts ohne die Küche. Im Kontakt mit dem Gast stehen an erster Stelle die Bedienungen, sie wiederum bringen die Produkte der Küche an den Mann.

Sauberes Besteck erwartet der Gast natürlich. Dafür gibt es seit ein paar Jahren externe Firmen, die das gewickelte Besteck zwar tip top sauber liefern, aber die Kellner müssen für diesen Service bezahlen. Pro Tag sind das zum Beispiel 10 Euro. Manchmal muss man als Kellner sogar ein Putzgeld für die Tische und Bänke entrichten. Mein Vorschlag an dieser Stelle: Womöglich wäre das Ein-und Ausstuhlen der Biertische und Bänke eine lukrative Marktlücke, ein Service für den die Bedienungen gerne bezahlen würden?

Wenn mal ein Gericht oder die Augen größer als der Magen waren, haben die Gäste die Möglichkeit sich ihre Reste einpacken zu lassen. In Alufolie gewickelt ist das Essen dann transportfähig. Gäste können außerdem mitgebrachte Speisen im Biergarten verzehren, im Zelt dagegen nicht. Hier soll nur gegessen werden, was angeboten wird. Manchmal haben Gäste interessante Wünsche und Fragen: Einer bestellt eine Brezel. Der erste Wunsch ist noch nachvollziehbar und machbar: Die Brezel solle nicht so dunkel sein. Die zweite Bitte erscheint auf einer Massenveranstaltung jedoch absurd: Nur die eine Hälfte solle bitte mit Salz bedeckt sein! Eine lustige Situation: Ein weiblicher Gast erkundigt sich, ob der Krustenbraten denn fettiger Natur sei. Nun, man frage sich, woraus die Kruste des Bratens denn sei!

Schmankerl-Klassiker

Weißbier - Weißwurst - süßer Senf (der Klassiker schlechthin)
Spezialitäten vom Ochsen (gestern wie heute beliebt)
Haxe (ein Klassiker, der es bleibt)
Hirsch-Gulasch (eine Besonderheit, wer den würzigen Geschmack von Wild mag)
Hendl (familienfreundlicher Klassiker aus Urzeiten)
Brotzeitteller (für die Liebhaber von Kaltem oder für zwischendurch)
Wurstsalat (deftige Brotzeit, sehr gut an heißen Sommertagen)
Käseteller (für Vegetarier)
Käsespätzle (warme Kost für Käseliebhaber)
Hausgemachter Kartoffelsalat (vom Feinsten)
Apfelstrudel (süß, warm, fruchtig)

„Was habt ihr für ein Frittierfett Herr Ober?“
Ich schau sie an.
Sie: „Fragen Sie doch in der Küche, bitte!“

Selbstverständlich: Hygiene- und Lebensmittelstandards müssen in Bierzelten unbedingt eingehalten werden und unterstehen ständiger Kontrolle. So unterliegen die Zeltbetreiber laufend staatlichen Lebensmittelkontrollen. Etwa werden in Stichproben die Bierkrüge auf ihren pH-Wert geprüft. Dabei werden mit einem Stäbchen Abstriche an einem frisch gespülten Masskrug gemacht, der zuvor in der Krügelmaschine - also der Spülmaschine für die Bierkrüge - gereinigt wurde.

Die Neumarkter Lammsbräu – Bio-Pionier unter den Brauereien

Biologisch erzeugte und regionale Produkte erfreuen sich wachsender Popularität. Etwa Bio-Hendl, Bio-Schweinebraten und Bio-Bier werden immer beliebter. Im Trend liegen vegetarische und vegane Mahlzeiten. Die Bierzelte richten sich mit ihren Angeboten stets nach den aktuellen Trends bei der Ernährung. Seit Jahren arbeite ich auf Festen mit der Neumarkter Lammsbräu zusammen, deren Unternehmensprofil ich an dieser Stelle in Auszügen kurz vorstellen möchte:
„Als junger Chef einer Familienbrauerei mit über 380-jährigen Geschichte machte sich der heutige Inhaber Dr. Franz Ehrnsperger schon in den 1970er Jahren auf die Suche nach

den besten Rohstoffen für sein Bier – und wurde im ökologischen Landbau fündig. (...)
Inzwischen ist die Neumarkter Lammsbräu Marktführer für Bio-Bier und produziert mit rund 110 Mitarbeitern 76.600 hl Bier und 86.300 hl alkoholfreie Getränke pro Jahr, (...).
Für Lammsbräu war und ist nie allein der kurzfristige betriebswirtschaftliche Unternehmenserfolg Richtschnur des Handelns, sondern das Bedürfnis, im Einklang mit der Umwelt das bestmögliche Produkt auf nachhaltige Art und Weise herzustellen. Um dies zu erreichen, wurden schon früh zehn Grundsätze fest in der Unternehmenspolitik verankert. Sie reichen vom Selbstverständnis des Unternehmens, sich als Teil des ökologischen und gesellschaftlichen Systems zu verstehen, über strenge ökologische Braurichtlinien – Lammsbräus „ökologischem Reinheitsgebot" – bis hin zum Bestreben, die Beziehung zu Lieferanten, Mitarbeitern und Kunden stets auf Augenhöhe zu gestalten. (...)
Selbstverständlich für den Biopionier Lammsbräu ist der ausschließliche Einsatz hochwertigster und streng ökologischer Rohstoffe: Ganze Aromahopfen-Dolden statt der sonst oft verwendeten Hopfenextrakte und -pulver sowie in der hauseigenen Mälzerei erzeugtes Malz aus Öko-Getreide stehen für einen Qualitätsanspruch und Geschmack, den man sonst kaum mehr findet. Angebaut werden die Braurohstoffe von der vor über 25 Jahren gegründeten und mittlerweile 130 Landwirte zählenden regionalen Lammsbräu-Erzeugergemeinschaft EZÖB, für die allein im zurückliegenden Jahr 16 Neumitglieder gewonnen werden konnten. In der Erzeugergemeinschaft begegnen sich Bauern und Brauerei auf Augenhöhe. Dazu gehören langfristige Verträge und dass die Landwirte im Rahmen der Initiative „Fair zum Bauern" deutlich mehr für die von ihnen erzeugten Rohstoffe erhalten als allgemein üblich. Konkret ergibt das jährlich über 500.000 Euro zusätzliches verlässliches Einkommen für die Bauern. Das ermöglicht ihnen, rund 4.000 ha Land in der nicht zuletzt wegen des Engagements von Lammsbräu entstandenen Ökomodellregion Neumarkt rein ökologisch zu bewirtschaften. Die Folgen dieses Miteinanders sind ein gesichertes Einkommen für die Bauern, sauberes Grundwasser,

„Hopfen und Malz, Gott erhalt`s."

eine Volksweisheit

reine Luft, die Erhaltung der Artenvielfalt in der Region – und die dauerhafte Sicherstellung absoluter Premium-Rohstoffe für Lammsbräu. Ein Unterschied, den man auf den Feldern rings um Neumarkt in der Oberpfalz sehen und mit jeder Flasche Lammsbräu schmecken kann. (...)“

1628

Neumarkter Lammsbräu

„Wenn‘s der Seele gut tut, kann‘s der Leber nicht schaden...Prost!“

Volksmund

Bier, das goldene Getränk

Ein Prosit, ein Prosit der Gemütlichkeit darf im Bierzelt nicht fehlen. Das gilt natürlich den ganzen Tag über. Es gehört dazu wie die Musik und macht Freude bei jedem Prosit-Trinken, das für uns Kellner selbstverständlich auch den Umsatz steigert. Mit der Eröffnungszeremonie des Ersten Bürgermeisters – „Ozapft is!“ - hebt jeder zum Prosit an und das Fest beginnt.

Nach den Speisen als Beigabe steht in Bierzelten natürlich das Bier im Mittelpunkt. Dieses wird in seinen unterschiedlichsten Arten in Masskrügen mit je einem Liter serviert. Für Senioren gibt es allerdings manchmal halbe Biere, das heißt 0,5 Liter. Die Besucher kommen in die Festzelte um zu feiern, die gemütliche Stimmung zu erleben und zu trinken. Man sollte Alkohol in Maßen konsumieren, manche tun das leider in Massen! Aber auch anti-alkoholische Getränke erfreuen sich großer Beliebtheit. Zwar ist das Servieren vieler kleiner Getränke nicht jedermanns Sache. So meiden manche Kellner Feste, auf denen sie ein solches Publikum erwartet. Allerdings

können die kleinen Getränke gutes Trinkgeld bringen. An erster Stelle steht das Bier der Brauerei, die das jeweilige Festzelt anbietet.
Darüber hinaus bietet jedes Zelt verschiedene weitere Biermixgetränke an, eine kleine Auswahl: Radler-Mass (ein Helles mit Zitronenlimo), Alsterwasser (Bier mit Orangenlimo), Altkorn (dunkles Bier und Kornbrand), Weizen-Mass, Colaweizen-Mass (Weizen mit Cola), Russen-Mass (Weizen mit Limo), Schwarze-Mass (Bumba-Mass in Franken, Goaß-Mass in Niederbayern, mit Kirschlikör oder Asbach), alkoholfreie Bier-Mass.

Alternativen

Wer kein Bier mag, aber dennoch nicht auf die ausgelassene Stimmung im Zelt verzichten mag, kommt vielleicht mit der Schnee-Mass (Zitronenlimonade, Vanilleeis, Doornkaat, Sekt, Schnaps) oder der Laternen-Mass (Masskrug Wein, Wasser und ein Glas Sekt mit Kirsche in den Masskrug gestellt) auf seine Kosten. Natürlich kann man auch Wein oder Schnaps so bestellen.
Der Bestell-Renner an der Bar lautet derzeit übrigens „Ficken“, ein Mischgetränk. Dieser Cocktail ist vor allem bei jungen Erwachsenen ab 18 Jahren beliebt, ob das nun an der Zusammensetzung liegt oder des Namens wegen, sei dahin gestellt. Autofahrer, Abstinenzler, nicht-Alkoholtrinkende und zwischendurch-Durstige können auf Wasser, Limo, Apfelschorle und Spezi zurückgreifen.
Als besondere Showeinlage werden große Drei-Liter-Champagnerflaschen auf Eis, mit brennenden Wunderkerzen dekoriert, in einer Schubkarre serviert. Dazu stellt man ein paar Krüge und Gläser und beim Servieren ist einem die gebündelte Aufmerksamkeit im Zelt garantiert.
Hier gilt es Ruhe zu bewahren: Bei Damen erlebe ich häufig folgendes Szenario: „Herr Ober, gibt es auch kleine Getränke? - Oh, sind die kalt!“ Manche teilen sich die Mass noch untereinander auf! Bis sie sich endlich entschieden haben, dauert es. Am Schluss zahlen sie dann alle einzeln und in Zeitlupe!

„Das Trinken ist a feine Sach.
Es staubt nicht und macht kein Krach, Prost!“
Volksmund

Bierzelt Klassiker

Bier, Weißwurst, Lederhosen und Dirndl

Eine frische kühle Mass Bier, frisches, saftiges halbes Hendl oder knusprige halbe oder ganze Haxe

Eine Mass und eine geräucherte Makrele

Brezen und Radi

Kirchweihknüller: eine Mass und ein Mittagessen (Braten mit Kloß und Salat)

Blasmusik, denn ohne Musik kein Bierzelt. Das Gemüt freut sich, es trinkt sich leichter. Das ist Leben.

Freundlichkeit

Schunkeln

Bitte und Danke

Prosit der Gemütlichkeit

„Zicke Zacke hoi hoi hoi. Prost ihr Säcke!" Gäste: „Prost du Sack!"

„Hipp hipp hurra"... „Hipp hipp hurra"

„98, 99 g'suffa, Prost!"

„Oans, zwoa, drei, g'suffa, Prost!"

Die gute Mass Bier und der liebe Euro

„Zahlen macht Frieden."
Volksmund

Unsere Gesellschaft hat sich gewandelt, die Leute gehen zu einem Event und bezahlen dafür. Der Anstieg des Bierpreises geht natürlich an den Gästen nicht einfach so vorüber. Dann sage ich, wir leben in einer Zeit, in der das Geld die Welt bestimmt. So wird zum Beispiel die Musik immer teurer, genauso wie der Biereinkauf, die Platzgebühr usw. Die Gäste beklagen sich bei mir, da ihre Löhne nicht in dem gleichen Maße steigen, wie es der Bierpreis tut. Als serviceorientierter Kellner sage ich dem Gast, dass er natürlich Recht hat. Der Gast hat immer Recht. Und manchmal wirkt es noch hochpreisiger, weil zu dem Grundpreis noch Pfand für Krüge, Flaschen oder Teller hinzukommt. Die Besucher bekommen allerdings eine Menge geboten für ihr Geld. Das sage ich den Gästen dann - Unterhaltung, Musik und gute Stimmung. Die Atmosphäre macht`s.

Allerdings muss ich sagen, dass der Masspreis fast kontinuierlich ansteigt. Das Bedienungsgeld steigt leider nicht immer im Verhältnis mit dem Bierpreis. Dieser wird zum Beispiel von 8.30€ auf 8.80€ erhöht. Das Bedienungsgeld steigt aber nur von 83 auf 85 Cent. Wir erhalten 3% mehr Lohn, während das Bier um 5% teurer wird. Es kam schon vor, dass der Lohn ein paar Jahre gar nicht anstieg. Das liegt immer im Ermessen des Betreibers.
Die Zahlen und Werte in der folgenden Grafik habe ich selbst erhoben:

„Bier leer, Neues her."
ein Trinkspruch

„Die Biermass Indizes"

ca. 50% Steigerung von 2001 bis 2015

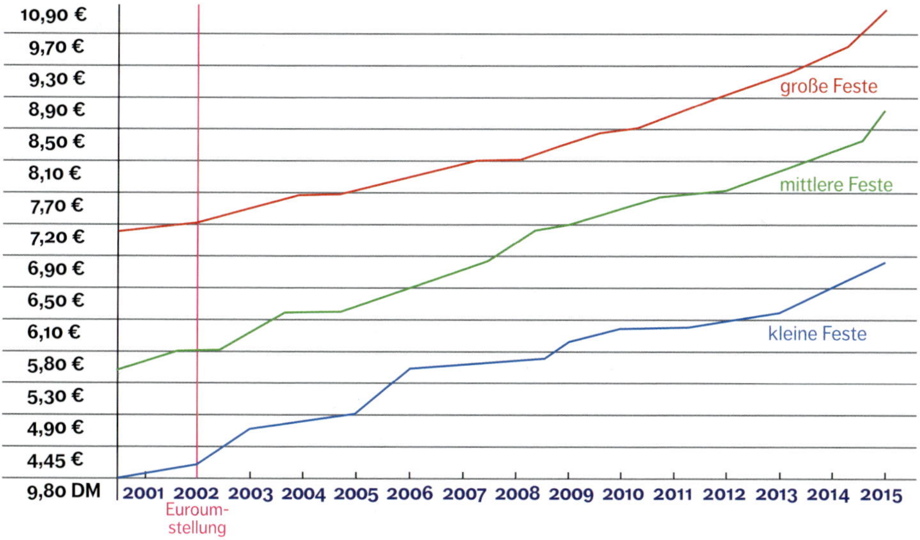

Wo der Gerstensaft gebraut wird und was es mit der Bierkönigin auf sich hat

„Bier ist die Seele vom Klavier.“

Volksmund

Das Festbier schart alle Besucher um sich, es genießt seine Hauptrolle. So tauchen auch immer wieder Fragen an uns Kellner zum Thema Bier auf. Gäste sind neugierig, interessiert und kennen die örtlichen Brauereien. Am häufigsten ist wohl die Frage nach der Brauerei, die das Festbier braut. Nur wer gutes Bier braut, den werden die Gäste dafür mit ihrem Wiederkommen belohnen. So bemüht sich jede Brauerei, ein gutes Festbier nach Deutschem Reinheitsgebot herzustellen. Sicherlich kommt es auf manchen Volksfesten vor, dass eine Brauerei das Monopol hat. Aber in der Regel stellen die örtlichen Brauereien das Festbier im jährlichen Wechsel.

Die Bierprobe: Vor jedem Volksfest gibt es eine Bierprobe in einem Gasthaus. Das Festbier wird ja extra für das Volksfest gebraut - auf das es gut ist! Diese Bierprobe findet meist in einem lokalen Gasthaus, zum Beispiel einem Vertragspartner der Brauereien statt. Zu diesem medienwirksam inszenierten Treffen sind der Festwirt und die Vertreter der Stadt, wie der Volksfestreferent und Stadträte eingeladen. Später nimmt die Lokalprominenz dann in der Brauerei-Box des Bierzelts Platz. Das Festzelt wird übrigens immer nach der Brauerei, die das Festbier liefert, benannt.

Was unsere Gäste noch interessiert, ist natürlich der Alkoholgehalt des jeweiligen Bieres. Denn man geht nicht ins Bierzelt, um es nüchtern wieder zu verlassen. Daher: das Bier wird nach deutschen Regeln gebraut, das heißt, es besteht zu 100 % aus Hopfen, gutem Quellwasser und Malz - den Zutaten eines reinen Bieres. Nun aber zu den Umdrehungen des Bieres: Ein Festbier ist in der Regel ein bisschen stärker als normales Bier, daher ist es süffiger. Es hat so zwischen 5 und 6 % Alkoholgehalt.

„Kein Alkohol ist auch keine Lösung.“

Trinkspruch

Neben der Brauerei ist die Bierkönigin wichtig für die Vermarktung des Festbiers. Diese wird bei großen Volksfesten vorab in einem Casting ausgewählt, in dem sie sich gegen ihre Konkurrentinnen behaupten muss. Sollte es nicht eine der Aufgaben sein, dass die Kandidatinnen einige Massen tragen und schön trinken können? Im trendigen Dirndl und mit einer guten Oberweite darf die Bierkönigin bei den Events des jeweiligen Bierzelts und natürlich bei der Eröffnung des Festes nicht fehlen. Manchmal hält sie sogar eine kurze Rede. Wenn sie auftaucht, dann in Begleitung eines Vertreters der Stadt, der Brauerei oder einem Werbekunden, wie zum Beispiel Antenne Bayern. Bayern hat ja einen Sonderstatus, was Traditionen und Vorlieben betrifft. Das zeigt sich in der Vielzahl gewählter bayerischer Königinnen: So wählt man eine Weinkönigin für Weinzelte oder dergleichen Feste oder ebenso eine Weißwurstkönigin und eine Weißbierkönigin.

„Halt das größte Unglück fern, lass das Bier net sauer wern Prost!"

fränkischer Trinkspruch

Was wäre ein Volksfest ohne Musik?

In Bierzelten wird meist ein vielfältiges Musikprogramm angeboten, damit sollen verschiedene Generationen angelockt werden. Ohne Musik wäre das Trinken ja kein Vergnügen mehr. Untrennbar sind Bierzelte und Musik miteinander verbunden, wie zwei Blutsbrüder. Die klassische Bierzeltmusik ist die Blasmusik, die bayerische Folklore. Es gehören aber auch Showbands, Schlagerrock, Country Bands und Cover Bands zum musikalischen Repertoire der Bierzelte. Ein besonderes Highlight sind die so genannten Löffelspieler. So nennt man Gäste, die meist spontan mit zwei Löffeln die Polka der Band mitspielen und für Stimmung sorgen. Das bedeutet natürlich, dass Sie als Bedienung Musik mögen sollten und offen für die typische Bierzeltmusik sind. Sonst werden Sie schnell ein genervter Kellner, der keine Freude hat und keine Freude bringt. Ich kann nur sagen: Mit Musik läuft es sich leichter.

„Bedienungen und Bierzeltmusiker haben etwas gemeinsam - sie sind wie Tee, man muss sie ziehen lassen."

Insiderweisheit

Gerade im digitalen Zeitalter spielt die Musik neben dem Bier eine der größten Rollen im Bierzeltgeschäft. Da ist es nicht mehr nur wichtig, dass eine Band spielt, sondern besonders, dass diese aktuelle Hits ertönen lässt. Das Publikum kann sich über Smartphones und das omnipräsente Internet informieren, welche Bands am jeweiligen Tag spielen. Außerdem zählen zum Geschäft mit der Musik von heute nicht mehr nur die Musiker selbst, sondern auch die im Hintergrund arbeitenden Ton- und Lichttechniker. Manchmal befindet sich der Service direkt vor der Bühne, da hilft nur Ohrstöpsel rein und weiter geht's.

Bierzelthits - Halli Galli Party Alarm!

Komm, hol das Lasso raus, wir spielen Cowboy und Indianer – Das geht ab! – Fliegerlied – Atemlos durch die Nacht – Lebt denn der alte Holzmichl noch? – Schatzi, schenk mir eine Foto – Brenna tuat's guat – I sing a Liad für di – Wahnsinn – Koa Hiatamadl – Joana – Ich bin solo - Macarena (alt) – Anton aus Tirol (alt).

Daneben spielen die Musiker Stimmungsmusik an, um die Gäste alle beieinander zu wissen. Zu Themenabenden werden dann jeweils spezielle Songs gespielt. Bei den Hits für zwischendurch singen, schreien, grölen die Gäste gerne gemeinsam mit.
Ab ungefähr 21 Uhr setzen viele Bierzeltmusikanten auf folgende Zeilen: „Jetzt gehn wir alle, alle, alle an die Bar, an die Bar." Damit animieren sie die Gäste die Sitzbank zu verlassen und an die Bar zu gehen.

Trinklieder - Okay Ladies and Gentlemen...

Wenn nicht jetzt, wann dann? – Skandal im Sperrbezirk – In München steht ein Hofbräuhaus – Scheiss drauf! (... Wiesn ist nur einmal im Jahr) – Wenn der Maibaum wieder am Dorfplatz steht – Die Hände zum Himmel – Auf und nieder immer wieder – Ham wir's erst gestern packt, packen wir's heut a – Zum Wohle, Alkohole, wir wollen die Krüge sehn! – Jeder nimmt die Hand zu seinem Masskrug und auf geht´s! – Allee, Allee (eine Straße, viele Bäume).

Wie wichtig ist gute Musik im Bierzelt? Musik spielt eine große Rolle beim Konsumverhalten der Gäste. Wenn Musiker wissen, wie sie zu spielen haben, dann können sie die Gäste gut bei Laune halten. Endlose Pausen, zu laute Musik oder Geschrei können den Gast vergraulen. Gäste wollen unterhalten werden und dabei entspannt trinken. Abends oder nachts, wenn die Musiker nur noch Stimmungslieder für die Jugend spielen und die dann auf den Bänken steht, wird weniger bestellt. Als Frontmann muss man das Publikum kennen und sich sowohl auf die Gäste einstellen als auch auf die Stimmung und die Kellner. Diplomatisch eingesetzte Musik steuert das Trinkverhalten der Besucher. Der Wirt und die Bedienungen möchten vor allem Umsatz machen, und wenn das alles mit der Musik in den Keller geht, werden die Musikanten im nächsten Jahr nicht mehr gebucht. Musiker-Freimarken gibt es natürlich auch. Damit kann die Bedienung aber nichts anfangen, die Musiker müssen sich ihre Mass schon selbst holen.

„Vom Himmel grüßen Billionen Sterne, so mancher Mann sagt zu seiner Frau ‚ich hab Dich gerne' - doch den Musikanten ist das wurscht, sie sagen nur eins - ich hab Durscht . Prost!"
ein Musikant

Gottesdienst im Bierzelt? – sicher doch!

Auf Volksfesten finden neben den weltlichen Belustigungen für die Besucher Gottesdienste statt. Diese sind meist ökumenischer Art mit Kirchenmusik als Begleitung, das heißt katholische und evangelische Gläubige feiern den Gottesdienst gemeinsam. Abgehalten werden sie vom dortigen Ortspfarrer. Es gibt einen Pfarrer, der sich um die Bedürfnisse der Schausteller kümmert, der sogenannte Schausteller-Seelsorger. Da nun meistens keine tatsächliche Kirche - also ein Gebäude für den Gottesdienst - auf dem Festplatz steht, gehen die Gottesdienstbesucher in das ausgewählte Bierzelt. Währenddessen wird weder ausgeschenkt noch serviert. Im Anschluss bleibt in der Regel etwa die Hälfte der Gäste zum Mittagessen, da der Gottesdienst wie überall am Sonntagvormittag stattfindet. Dann bedienen wir Kellner gerne. Ich bin auch jedes Mal überrascht, wie gut dieses Angebot angenommen wird. Im Bierzelt geht das – eine Kirche für alle. Da könnte man meinen, die beiden Konfessionen würden eines Tages eins werden.

„Ja wenn die Kirch a Bierzelt war und's Bierfassl a Altar, möcht i gern a Pfarrer sei, ja des is ganz klar."
Volksmund

Fesch, fescher, am feschesten – Selfie-Modenschau

„Sehen und gesehen werden!"
Volksmund

Wie in Freibädern im Sommer setzt auf einigen Volksfesten ein großes Schaulaufen ein. Wer ist mit wem da? Welches Dirndl hat sie an? Klassisch grün und rot oder ausgefallen lila oder gar im Gothic Stil? Sitzt die Lederhose gut?
Lederhosen und Dirndl sind zurzeit in aller Munde beziehungsweise an aller Körper auf den Volksfesten des Landes. Immer mehr Leute wollen die bayerische Tracht anziehen und sich in diesem Outfit präsentieren. Wenn man das Gemeinschaftsgefühl teilen möchte, dann heißt es Lederhosen oder Dirndl an und mit der vollen Mass zum Tanzen oder Wippen auf die Bänke stellen. Ich würde sagen, nicht nur in Bayern ist das Trend, auch im restlichen Deutschland hat sich der Landhausstil ausgebreitet. Das geht soweit, dass sich die Menschen rund um den Globus gerne in diesem Look präsentieren. Wie haben es wir Bayern nur geschafft, dass die Welt bayerisch feiert?
Wir erleben das als Kellner auf den kleinen Dorffesten mit den Partnergemeinden in und außerhalb Europas, aber besonders auf den großen Festen, wie dem Oktoberfest, dem Cannstatter Wasen in Stuttgart oder dem Gäubodenvolksfest in Straubing. Diese Entwicklung ist eine tolle Sache für die deutsche Wirtschaft. Auf manchen Festen können die Gäste direkt ihre neue Lederhose oder ihr modisches Dirndl erwerben. In Regensburg oder Stuttgart zum Beispiel sind bekannte Marken auf dem Volksfest mit einem Stand vertreten, das ist der so genannte Krämermarkt.
Bei der Qualität der Trachten gibt es massive Unterschiede. Viele, die ihre Dirndl oder Lederhosen vielleicht nicht so oft tragen, kaufen sich ein Set für knapp 100 Euro bei günstigen Ausstattern. Das sieht man allerdings und wird in Kennerkreisen als „Putzlappen" bezeichnet. Lederhosen lassen sich richtig gut nur aus Hirschleder tragen. Die sitzen, machen haptisch was her und halten lange! Zu einem richtigen Boom haben sich fesche Dirndl und Lederhosen seit ungefähr sie-

ben Jahren entwickelt. Früher trugen tatsächlich nur die Leute vom Land ihre Trachten, da empfanden die Städter diese Kleidung als unpassend für sich. Heute ist davon wie gesagt nichts mehr zu spüren. Bayerische Tracht bedeutet Kult. Dieses Modestatement erlebe ich als Kellner im Bierzelt und der Trend ist noch in vollem Gange.

Was die Schleife am Dirndl verrät

Rechts gebunden: verheiratet

Links - Glück bringt's: ledig

Mitte vorne: Jungfrau

Mitte hinten: geschieden oder Kellnerin

Das Smartphone

Ich erlebe vor allem bei jungen Leuten, dass sie in den Bierzelten, in denen sie gesellig beisammen sind und feiern möchten, ständig mit ihrem Smartphone beschäftigt sind. Die Gäste fotografieren sich gegenseitig oder machen Selfies und senden diese dann per WhatsApp an Freunde und Bekannte aus aller Welt. Insbesondere wenn sie ihre Fotos auf Facebook posten, dann haben sie innerhalb von Minuten Feedback durch Menschen, die auf „Gefällt mir" geklickt oder einen Kommentar dazu gepostet haben. Das zeigen sie dann ihren Feierfreunden am Tisch und sind bereits wieder in ihr Smartphone vertieft. Unglaublich - sie trinken und sitzen bzw. stehen zusammen und sind doch nicht ganz hier. Sie präsentieren sich in ihren Trachten oder nehmen Videos von der super Stimmung, der Band, dem Zelt oder den Kellnern auf. Sie fotografieren die Mass oder prosten sich im Video gegenseitig zu. Ein sich abzeichnender Trend ist, die Masskrüge leuchten zu lassen. Dazu halten alle ihr Handy unter den Krug, das Licht im Zelt wird für kurze Zeit ausgeschaltet und so erhellen die tausenden Handylichter das Zelt. Dazu hätte ich einen neuen Trend-Vorschlag: Wie wär's mit Wadl-Selfies?

Die Handy-Mania ist einer der Auswüchse unserer schnelllebigen Welt. In der heutigen Zeit muss alles immerzu verfügbar sein und rasend schnell laufen. In den letzten Jahren waren wir Kellner mehr davon betroffen als je zuvor. Viele stehen einfach in den Gängen herum, merken kaum noch was um sie herum geschieht, weil sie so vertieft und konzentriert in ihre Smartphones sind. Auch ein lautes „Achtung" hilft oftmals nicht, so dass die Bedienungen Slalom laufen und noch wachsamer sein müssen. Das kostet Kraft und Gelassenheit. Vor zehn Jahren war es noch einfacher durchzulaufen mit einem vollen Schlitten.

(M)ein Leben für Volksfeste

– überall zuhause

> *Die Menschen sind, trotz allen ihren Mängeln, das Liebenswürdigste, was es gibt.*
>
> *Johann Wolfgang von Goethe*

Der Kellner – Vagabund, Seelsorger und Entertainer in einer Person

Man sagt nicht selten, das sei ein Vagabundenleben in solchen Bierzelten. Die Kellner sind wie Nomaden - mal hier, mal dort, mal nirgends zu sehen und doch irgendwo da. Sicher ist, dass wir Kellner viel unterwegs sind, wir reisen von Fest zu Fest und müssen uns an den jeweiligen Orten stets eine neue Unterkunft suchen. So führen wir in gewisser Weise ein Vagabundenleben. Dieses Leben wird in der Gesellschaft nicht immer akzeptiert. Gerade wenn zum Beispiel beide Partner einer Beziehung als Profikellner unterwegs sind, kann dieser Umstand Probleme bereiten, etwa eine Wohnung zu mieten oder einen Kredit von der Bank zu bekommen. Denn Kellner und Bedienungen können in der Regel kein festes Einkommen nachweisen und gelten daher als nicht kreditwürdig. Ich selbst wurde mit diesen Vorurteilen konfrontiert als ich ein Baudarlehen beantragen wollte. Zunächst wurde ich bei der Bank nicht mal richtig angehört. Aber ich habe nicht locker gelassen und habe insgesamt sechs Banken kontaktiert. Mit Ach und Krach habe ich schließlich eine gefunden, die bereit war auf Basis meiner Lohnnachweise einen Baukredit rauszurücken. Meine Empfehlung daher: Eigentum kaufen, gerade bei den niedrigen Zinsen heutzutage. Auch wenn viele meiner Kollegen das Vagabundendasein vorziehen.

Aber ist Profikellnern deswegen ein schlechter Job? Ganz sicher nicht. Wer bereit ist hart zu arbeiten, kann sich als Saison-Kellner in Bierzelten Reisen und Träume wie ein

Eigenheim erfüllen. Das ist meine Berufung. Die Volksfeststimmung gehört zu meinem Leben.
Dass Kellner angeblich gut verdienen, höre ich immer wieder von den Gästen, da spielt Neid mit rein. Auf der anderen Seite wird von außen die harte Arbeit eines Kellners nicht gesehen. Man erkennt erst nach Jahren, wie stressig und belastend unsere Arbeit ist. Das merke ich dann beim Trinkgeld, wenn Gäste sagen „Herr Ober, machen Sie statt 8,50 einfach 10 Euro.“ Da bedanke ich mich mit „vergelt's Gott“ und die älteren Herrschaften in Bayern erwidern das mit „segn's Gott.“ Wenn Sie hauptberuflich als Kellner auf unterschiedlichen Festen arbeiten, können Sie Ihre Bedienungstour - so nennt man den jährlichen Arbeitsplan im Fachjargon - nach Ihrem Belieben einrichten und umgestalten. Dazu braucht es zwar langjährige Erfahrung, aber wenn Sie ein paar Jahre im Geschäft sind, zählen Sie zu den freischaffenden Künstlern.

„Haben Sie auch einen normalen Job?“
oft gehört

Ich bin ebenso ein Unterhaltungskünstler und Seelsorger. Warum? Wir Kellner unterhalten die Gäste mit Geschick, Charme und Talent. Wir haben stets ein Lächeln auf den Lippen, gute Sprüche parat und sind nebenbei die seelische Betreuung der Gäste. Wir bringen den Besuchern Freude und uns Trinkgeld. Bedienungen sind also Auf- und Abladestation für Besucher. Daher sollte man nie über eigene Probleme sprechen und stets sagen, dass es einem gut gehe. So bleiben Sie der Fels in der Brandung, die verlässliche Person für den Gast. Und der Gast will nichts anderes hören, nur Gutes, sodass er seine eigenen Dinge, die ihn beschäftigen, ein bisschen vergisst.
In großen Bierzelten gleicht es einem Schauspiel. Früh um 9 Uhr geht der Vorhang auf, Leute strömen hinein. Ich präsentiere mich lächelnd, gut gelaunt, offenherzig. Die Unterhaltung beginnt mit Musik, Gaudi, Getränk. Abends dasselbe Spiel - nur verkehrt herum: da schließt sich der Vorhang, das Zelt wird zugezogen. Die Vorstellung ist aus.
Neben uns Profikellnern gibt es natürlich die Nebenjobkellner. Im echten Leben sind diese Service-Kräfte alles mögliche - nur keine Kellner. Aufgepasst: Auf den Volksfesten, unter den Dirndln und Lederhosen, verbergen sich angehende Ärzte

und Lehrer, Büroangestellte, sogar Pfarrer sind mit von der Partie. Die Frage nach den Hintergründen für die Wahl des Kellnerberufs bringt sehr interessante und spannende Geschichten zu Tage.

Hauptgründe für die Berufswahl Kellner

Haus bauen / kaufen / Wohnungsmiete
Wohnmobil- oder Wohnwagenkauf
Studium
Autokauf
Scheidung
Rentner / Zeitvertreiber
Reisen
Überbrückung zwischen zwei Jobs

Es schadet nie, wenn man noch mehr im Leben kann. So sind Kellner, die Quetschen (Akkordeon) spielen und damit die Gäste bei Laune halten können, sehr gefragt. Als Hobbymusiker habe ich natürlich an Seniorentagen oder beim Frühschoppen ein paar Lieder zum Mitsingen oder zum Tanzen gespielt. Das ist dann immer wieder das Highlight eines Tages. Da hatten die Herrschaften bis zum nächstjährigen Volksfest was zum Plaudern am Stammtisch. Und im darauffolgenden Jahr baten Sie mich wieder ein paar Lieder zu spielen. Ebenso hatte ich während meiner Ordonanzzeit zu verschiedensten Anlässen aufgespielt; sei es bei Kaffeekränzchen, Geburtstagen, bei Ehemaligen-, Offiziers- oder Damentreffen. Das Spielen der Quetsche war jedes Mal ein besonderes Erlebnis.

„Wer nichts wird, wird Wirt, und wer des verpasst, bleibt ein Leben lang Gast."

eine Kellnerweisheit

Schausteller – die Standhaften

Hinter den Volksfesten stehen die Schausteller. Sie sind für die Durchführung und Organisation der Veranstaltung zuständig und sorgen für eine gute Volksfestatmosphäre. Neben den Kellnern und Gästen dürfen auf einem Volksfest die Schausteller nicht fehlen. Denn: ohne Schausteller kein Volksfest. Schausteller machen Freizeit zum Vergnügen, ziehen die Besucher mit unterhaltsamen Attraktionen und spektakulären Fahrgeschäften, Spaß, Gaumenschmaus und Nervenkitzel an. Sie erwarten Ihre Gäste mit einer vielfältigen Auswahl nationaler und internationaler kulinarischer Spezialitäten.

„Ich bin vom Platz." - so weiß jeder, dass man dazugehört

Die Schaustellerwelt ist eine Welt für sich. Ihr gesamtes Leben spielt sich hinter den Kulissen der Volksfeste ab. Auf dem Volksfestplatz werden die Schaustellerkinder vom Schaustellerpfarrer getauft, werden Schaustellerhochzeiten und andere Feste gefeiert. Davon bekommt man als Kellner nur am Rande etwas mit.

In gastronomischen Schaustellergeschäften helfen weitere Saison-Kellner oder Nebenjobkellner aus. Da Schausteller meist nur kleinere Biergärten haben, zahlen sie nicht so gut wie die Bierzeltbetreiber. Jedoch geht es bei den Schaustellern ruhiger zu, das Arbeiten ist entspannter.

Im Bierzelt genießen die Schausteller oft Schausteller-Preise, so bekommen auch wir Bierzeltleute von den Schaustellern einen guten Preis, etwa wenn wir an ihrem Stand ein Lebkuchenherz kaufen. Als Gäste sind die Schausteller schon anspruchsvoll, geben aber meist ein sehr gutes Trinkgeld. Manchmal veranstaltet der Zeltbetreiber einen Wirtsleute-Kaffee oder ein Kaffeekränzchen für die Schaustellerdamen.

Wenn ich über den Volksfestplatz laufe, werde ich von den Schaustellern immer wieder gefragt, was in meinem Zelt gerade so los ist. Denn gutes Geschäft in den Bierzelten bedeutet guten Umsatz in den Fahrgeschäften und an den Ständen der Schausteller. Auf jedem Platz finden Sie einen Platzmeister, bei dem die Standgebühren gezahlt werden und der die Stände einteilt. Der Ablauf ist vergleichbar mit dem auf einem Flohmarkt.

Die Schausteller werden durch den Schaustellerverband vertreten. Dieser tritt für ein positives Image der Volksfeste und Kirchweihen ein. Daher ist es mir an dieser Stelle sehr wichtig, auf die Notwendigkeit eines harmonischen Miteinanders von Schaustellern und Bierzeltgastronomie zu verweisen.

Die Welt an einem Ort

Warum ich diese Tatsache so hervorhebe? In Bierzelten sind Menschen aller Nationalitäten vertreten, ob als Mitarbeiter oder als Gäste. In Deutschland gibt es viele Migranten, welche die Volksfeste besuchen und die deutschen Traditionen leben. Für mich ist es immer wieder erstaunlich, wie gerne und intensiv die Ausländer die Bierzelttradition und diese gigantische Feierlaune der Deutschen annehmen. Multikulti im Bierzelt ist mittlerweile normal. In Tracht gekleidet bringt man die Zusammengehörigkeit zum Ausdruck. Das ist den Neubürgern wichtig. Durch das Mitfeiern auf den Volksfesten will man Land und Leute kennenlernen und sich in der neuen Heimat zugehörig fühlen. Viele meiner Kollegen mit Migrationshintergrund arbeiten nicht nur des schnellen Geldes wegen in Bierzelten, sondern weil ihnen diese Arbeit Spaß macht und sie gerne mit Menschen arbeiten. Menschen unterschiedlichster Herkunft stehen auf den Bänken, mit der Mass in der Hand und feiern in Lederhosen und Dirndl. Eine wunderbare globale Sache das Bierzelt - da versteht man sich sofort miteinander und das Leben ist schön. Das Schöne ist vor allem, dass man nicht einmal dieselbe Sprache sprechen muss, „ein Prosit" ist schnell gelernt. Das wissen alle: die Gläser hoch heben, anstoßen, trinken, fertig. Prost! - Einfach herrlich!

Eine kleine Milieustudie – Soft Skills und Multikulti

Der Beruf Kellner in Bierzelten hat bei Außenstehenden eine geringe Anerkennung. Schnell verbindet man ihn mit einem schlechten Arbeitsmilieu. Für viele ist Kellnersein, also in Bierzelten zu arbeiten und zu verdienen, dass man davon eine Familie ernähren kann, kein richtiger Job. Nur wenige glauben, dass das wirklich geht. Nur wenn ich dann erzähle, dass ich auch auf den großen Festen und Messen kellnere - wie dem Oktoberfest - steigt mein Ansehen beim meinem Gegenüber. Natürlich muss ich dafür hart arbeiten und meine Arbeitstage gut einteilen, sodass es am Ende des Jahres stimmt.

Sitzen zwei Damen am Biertisch:
„Bedienung, die Karte bitte."
Ich: „Die Deutschlandkarte oder die Europakarte, meine Damen?"
(Verdutztes Schauen)
Ich: „Ach so, die Speisekarte möchten Sie? Bitte sehr, ich hol Sie Ihnen vom Nebentisch."

Dabei habe ich einen zukunftssicheren Beruf gewählt: Feste in Bierzelten werden in hundert Jahren bestehen. Dafür braucht man Saison-Kellner, auch wenn das vielen Leuten vielleicht nicht so bewusst ist. Gäste in Bierzelten bekommen auch in Zukunft die Mass von einer lebenden Servicekraft serviert und nicht von einem Roboter. Und ein solcher Mensch wird die Gläser wieder abräumen. Dadurch entstehen in unserer hochtechnisierten und anonymen Welt zwischenmenschlicher Kontakt und Herzlichkeit. Der Kontakt mag oberflächlich und kommerziell geprägt sein, aber als soziale Wesen brauchen wir ihn dringend zum Leben. Wenn die Kellner und Bedienungen nicht wären, wär's viel steriler.

Das sollten Sie auf jeden Fall beachten: Gastronomie ist wie Musik. Musik kennt keine Grenzen. Jede Musikrichtung, jeder Song und jeder Sänger gefällt irgendeinem Menschen – so ist das auch in der Gastronomie. Die einen mögen Kneipen, die anderen Bars, andere wiederum Bierzelte und wieder andere gehobene Restaurants. Eines davon sagt jedem zu. Es gibt alle Arten von Menschen, die in der Bierzeltgastronomie beschäftigt sind und die als Gäste kommen. Menschenkenntnis und eine gute Beobachtungsgabe sollten sie als angehender Kellner daher unbedingt mitbringen. Nur wer sein Gegenüber schnell einschätzen und auf ihn eingehen kann, wird als Kellner gut bei den Gästen ankommen. Dieses Einfühlungsvermögen werden Sie im Laufe

der Jahre lernen, aber ein bisschen Talent gehört dazu.
Zu Ihren Eigenschaften sollte auf jeden Fall gehören, dass Sie sehr gut mit Menschen umgehen können. Das gilt nicht nur hinsichtlich der Gäste, sondern auch in Bezug auf Ihre Kollegen: Auf Volksfesten kellnern die unterschiedlichsten Typen. Und sie kommen aus verschiedensten sozialen Schichten und Berufssparten. Es gibt Studenten, die dann später unsere Rechtsanwälte, Ärzte, Lehrer und Polizisten sein werden. Ebenso Hartz IV-Empfänger sind auf solchen Festen beruflich unterwegs. Das schnelle Geld, hart verdient, lockt jede Sparte Berufssuchender ins Bierzelt. Viele Nationalitäten sind da, das ist kein Problem.

Mir ist es sehr wichtig, dass zur Sprache kommt, wer diese Leute sind, die in Bierzelten arbeiten. Im Bierzelt trifft man jegliche Nationalität, da ist es bunt gemischt. Es sind Kellner, Küchenkräfte, Reinigungskräfte und ebenso Schankkräfte aus ganz Deutschland und Europa. Beim Bierzeltpersonal sind derzeit Polen und Rumänen führend; bei den Schaustellern höre ich das sehr oft. Ich denke, es arbeiten zu 70% Rumänen in Bierzelten. In der Küche und im Ausschank sind es in der Regel osteuropäische Saisonangestellte, aber es gibt genauso Deutsche, die das nebenbei zum normalen Job machen. Ich höre immer, dass sonst kein Urlaub drin wäre, das geht es nicht ohne einen zweiten Job. Sie bauen das Zelt mit auf und ab. In der Regel sind es sehr gute Leute. Respekt. Meistens wohnen sie am Platz, nebenan in Wohncontainern der Schausteller und Bierzeltbetreiber. Auf den großen Festen sind die Küchenchefs zum Großteil Deutsche. Diejenigen, die nur Saison arbeiten, tun dies nach dem gleichen System wie die Kellner. Das heißt, sie müssen sich bei der Arbeitsagentur anmelden und die Versicherung zahlen. Also gibt es auch Saison-Profi-Köche.

Für das Personal gibt es Essen und Trinken gegen eine kleine Summe oder sogar kostenlos. In der Regel besteht Alkoholverbot während der Arbeitszeit. Eine Raucherpause ist generell kein Problem, solange Zeit ist. Das Personal im Bierzelt arbeitet in der Regel sehr viele Stunden am Stück, manche fangen früher an, andere später. Kellner sind auf jeden Fall bis zum Ende da, bis das Volksfest schließt. Das bedeutet manchmal zehn Stunden und im Extremfall länger. Zwischendurch gibt es ruhigere Zeiten, in diesen Stunden sollten sich die Kellner und das übrige Personal regenerieren. Das bedeutet, sich selbst etwas kochen oder einfach schlafen, zum Beispiel im eigenen Wohncontainer. Bei schlechtem Wetter wird natürlich weniger Personal gebraucht und an Wochenenden, an denen es schön ist, viel mehr; das versteht sich von selbst. Da heißt es flexibel sein.

Wie ich schon mehrmals erwähnt habe, sind Rumänen derzeit sehr präsent am Platz. Rumänisch ist sowohl in den Zelten als auch bei den Schaustellerständen oft zu hören. Bei den Personalstellen der Schausteller und Bierzeltbetreiber sind sie führend. Immer wieder höre ich, dass rumänische Mitarbeiter erzählen, ihre Kinder wären zuhause bei den Großeltern, Tanten oder bei irgendwelchen Verwandten. Ich selber habe zwei kleine Kinder, mir kommt die Gänsehaut, wenn ich das höre. Das ist Realität in Europa. Die rumänische Band beim ESC hat mit ihrem Song sogar auf dieses soziale Problem ihres Landes aufmerksam gemacht. Viele verlassen das Land, um sich und vor allem ihrer Familie eine lebenswerte Chance zu ermöglichen. Im Ausland, wie in Deutschland, können sie arbeiten, ihre kleinen Kinder aber bleiben zuhause. Zurzeit leben sehr viele rumänische Bürger in Deutschland, ich glaube mehr denn je. Sicherlich waren früher Polen, Russland, das Baltikum, Ungarn und Bulgarien ein Thema, jetzt ist es aber Rumänien.

„Es jedem Recht zu machen, ist eine Kunst die niemand kann.“
ein Sprichwort

Der Kellnerclou – Kollegen und Konkurrenten

Das ganze Jahr hindurch arbeite ich hauptsächlich im zweier, dreier, vierer oder fünfer Team oder sogar im zehner Team (etwa auf Feuerwehrfesten) auf einen Geldbeutel – so sagt man das in der Kellnersprache. Das heißt, dass wir zu fünft zusammenarbeiten und abends unsere fünf Geldbeutel zusammengeschmissen werden und das Geld dann gleich verteilt wird. So wird den Gästen ein geschlossenes Bild vermittelt und sie können bei allen im Team bestellen. Für den Wirt ist dieses Vorgehen gut, denn er muss nur einmal abrechnen. Unter Kollegen, Saisonkellnern wie Profikellnern herrscht aber oft Konkurrenzdenken. Das ist so eine Sache.

„Hast deine Leute im Griff oder schwimmst schon?"
unter Kollegen

Jeder hat sein eigenes Geschäft, das heißt man verkauft nur im eigenen Service, dann kommt man sich nicht so in die Quere. Dennoch gibt es Argwohn und Neid unter den Kellnern. Aus der Sicht des einen hat ein anderer Kellner eine bessere Reihe als er selbst. Da bleibt einem nichts anderes übrig als sich durchzuboxen.

Mein Tipp:
Gäste winken oder rufen „Hallo, hallo!"
Kellner winkt zurück, wenn Zeit ist.
Dann wissen die Gäste sofort, dass man in dem Service nicht zuständig ist. Das lockert die Stimmung gleich auf.

Beim Erstellen eines Dienstplans für ein Fest wird nachgefragt, wer wann wo kann. Im Verlauf des Festes tauschen wir allerdings untereinander die Arbeitsschichten, wenn jemand mal keine Zeit hat oder einer ausfällt. So entsteht im Idealfall ein gutes Auskommen und eine gute Zusammenarbeit. Neben den Stammbedienungen oder dem Küchenpersonal brauchen die Wirte einen Mann mehr, etwa für die Organisation der Festzüge oder für die Vergrößerungen der Tischreihen. Als Kellner muss ich flexibel bleiben können. Denn manche Kollegen können nur an den Wochenenden oder abends, weil

„*Mit den Massen durch die Massen.*"

ein Kellnerspruch

sie unter der Woche beziehungsweise tagsüber noch einen Hauptjob haben. Also müssen wir uns aufeinander einstellen und möglichst unkompliziert zusammenarbeiten. Bei den Profi-Kellnern überschneiden sich manche Feste, darauf muss ich flexibel reagieren. Streit unter den Kollegen geht den Gast nichts an. Vor den Gästen zu streiten ist ein absolutes No-Go. Konkurrenz gehört dazu, das ist wie in allen anderen Betrieben. Ansonsten funktioniert das Arbeiten nebeneinander gut, weil jeder möglichst viel in den paar Tagen verdienen möchte. Bedienungen und Kellner können sich zu sogenannten Bedienungstrupps zusammenschließen. Sie sind dann wie in Vereinen organisiert und machen die Arbeit oft als Nebenjob oder arbeiten als Saisonkellner.

Mit vielen meiner Kollegen arbeite ich schon seit Jahren zusammen. Mit einem Oberkellner im Team haben wir Kellner und Bedienungen kleine Vorteile, manchmal können wir bei der Arbeitseinteilung mitbestimmen oder ich habe die Möglichkeit ein paar Euro mehr zu verdienen. Allerdings funktioniert das nicht von heute auf morgen. Um ein Netzwerk aufzubauen, habe ich mehrere Jahre gebraucht. Da müssen Sie sich auf Ihre Partner verlassen können. Wenn Sie über ein gewisses zwischenmenschliches Gespür verfügen und eine Vertrauensbasis geschaffen ist, läuft das Arbeiten Hand in Hand. Manchmal kommt es vor, dass ich beim Kollegen ein Bier verkaufe, weil Gäste länger auf ihre Mass warten mussten. Denn oft wissen die Gäste nicht, wie der Service im Bierzelt läuft. Wer welchen Tisch hat, wie es hinter dem eigenen Sichtfeld funktioniert – manche wollen es nicht wissen. Der Gast also möchte nur schnell seine Mass kriegen, dafür muss ich als Kellner schnell sein, sonst gibt es Ärger. Am besten stellt man es so an, dass der Kollege es nicht mitbekommt, außer man kennt sich, dann lässt sich gut darüber reden. Dem Festwirt ist es egal, wer wo den Gast bedient, Hauptsache der Gast ist am Ende zufrieden. Bierzeltchefs und Betreiber haben ihre eigenen Regeln und Konzepte, wenn ich mich nach diesen richte, mich an sie halte, gibt es keine Probleme. Eben diese Regelungen bekommen Sie im Bierzelt ganz schnell mit.

Der Oberkellner spielt eine große Rolle, was das Arbeitsklima im Zelt betrifft, somit kann man sich aussuchen, zu welchem Betreiber man gut passt. Häufig wechseln die Bierzeltbetreiber aus irgendwelchen Gründen, jedoch übernehmen die neuen meist das Personal der alten Betreiber. Jeder Zeltbetreiber und jeder Oberkellner ist anders und Sie werden erst im Lauf der Jahre herausfinden zu wem Sie passen und wer zu Ihnen passt. Einmal hatte ich einen Oberkellner, der sein Team bestehend aus 80 Mann jeden Morgen das Besteck wickeln ließ und dabei das so genannte Morgengebet predigte, in dem er aufzählte was tags zuvor gut oder schlecht lief. Für mich war das schon ein Erlebnis.

Fazit

Schlechte Bedienungen sowie Festwirte können einem Fest schaden, zum Beispiel, wenn das Essen nicht passt oder Bedienungen unfreundlich sind oder das Zelt nicht sauber ist. Ein Wechsel des Betreibers zieht oftmals eine Veränderung in der Haltung der Kellner gegenüber den Kunden und den Kollegen mit sich. Auf der anderen Seite kann guter Service natürlich ein Fest bekannt machen, am besten funktioniert das stets über Mundpropaganda der Gäste. Jemand, der ein offenes Ohr für seine Gäste und für die Mitarbeiter hat, ist für mich ein guter Festwirt.

Wichtige Positionen im Bierzelt

- Oberkellner
- Kontrolleure (Bock oder Zeichenkasse und Pass)
- Koch, Beikoch
- Bedienung, Kellner
- Schankkellner
- Bar-Personal
- Hendlhacker
- Security
- Küchenhilfen
- Spüler
- Reinigungskräfte
- Toilettenfrau/-mann

Zwölf Masskrüge in zwei Händen –
die Bühne richtig nutzen

Erste Schritte – vom Bund zum Volksfest

„Die ist nicht auf den Mund gefallen."

Merke: Eine Bedienung ist keine Untergebene des Gastes, eher eine Respektperson. Schlagfertigkeit und Selbstbewusstsein sind gefragt.

Es ist mir ein Anliegen, die Bundeswehr zu erwähnen, sie hat mich dorthin geführt, wo ich heute bin. Nicht nur das - sie ist Teil der ganzen Erlebnisgastronomiewelt.
Als Zeitsoldat bin ich Geschäftsführer des Offizierscasinos geworden. Casino-Kellner oder Vorgesetzter eines gastronomischen Betriebes der Bundeswehr zu sein, das ist eine Erfahrung für sich. Man steht wortwörtlich stets zwischen den Entscheidungen, hört mit. Viele Gespräche werden am Kaffeetisch geführt oder bei einem Glas Bier oder Wein. Somit weiß eine Ordonanz – so wird der Kellner bei der Bundeswehr genannt – was in der Kaserne läuft; natürlich unterliegt man absoluter Schweigepflicht.
Wie andere Unternehmen und Institutionen führt die Bundeswehr die Aktion „Tag der offenen Tür" durch, an welchem Besucher von außerhalb über das Gelände schlendern oder auf Truppenübungsplätzen Waffenvorführungen ansehen können. An solchen Tagen werden Bierzelte aufgestellt, in denen Schmankerl angeboten werden. Wen braucht man also? - Den Kellner, genau! Auch ich habe mehrere dieser Feste mitorganisiert.
Da ich bis dahin keine Ausbildung in der Gastronomie hatte, nur ein bisschen Erfahrung, gab die Bundeswehr mir die Möglichkeit mich weiterzubilden. Ich absolvierte mehrere Seminare, um in der Gastronomiewelt bestehen zu können. In Berlin schloss ich den Deutschen Wirtebrief mit Abschlussprüfung zum kaufmännisch qualifizierten Gastronomen ab. Weiter ein

Small-Talk-Training und ein Seminar für Managementtraining für die Gastronomie. Mir machte das Kellnern Freude und ich arbeitete gut. So wurde ich nach einer Weile zum Geschäftsführer des Casinos berufen. Dort bekam ich in Absprache mit meinem Vorgesetzten, dem Casino Offizier, regelmäßig neue Ordonanzen, die ich dann wiederum anlernen durfte. Somit habe ich Männer als Kellner ausgebildet, es unterschied sich nicht wesentlich von einer Arbeit im Restaurant. Durch unsere erfolgreiche Zusammenarbeit konnten wir viele Ordonanzen gemeinsam anlernen. Diese Beständigkeit war enorm wichtig, da sonst ein Kommen und Gehen der Soldaten herrschte, wie üblich bei der Bundeswehr. Da benötigte es eine gute Menschenkenntnis, um zu sehen, wer für das Casino als Kellner geeignet sein könnte und wer vor allem der Schweigepflicht mächtig ist. Ein besonderes Vertrauensverhältnis.
Beim Kellnern im Casino arbeitet man wie in allen gastronomischen Bereichen zwar selbstständig aber eben auch im Team. Zu diesem zählen nicht nur die Kollegen im Service, sondern auch Kollegen in der Küche. Eine gute Zusammenarbeit mit dem Küchenchef ist daher besonders wichtig. Denn nur dann läuft die Arbeit rund. Zivilangestellte der Bundeswehr arbeiten meist in der Küche.
Rückblickend war die Zusammenarbeit mit dem Casino Offizier ungemein wichtig für meine spätere Karriere und wirklich gut. Bis heute habe ich Kontakt mit ihm, meinem Hauptmann. Er kam zufällig aus meiner Stadt und lebt heute noch dort. Jene Zeit war für mich eine der schönsten meines Lebens. Auch diese Form von Arbeitsmodell lohnt sich bei der Bundeswehr und man hat viele Vorteile als Wehrpflichtiger oder als Zeitsoldat. Meine Zeit beim Bund war und bleibt unvergesslich.

„Glücklich machen ist das höchste Glück.“
Theodor Fontane

Erfolgreich kellnern - erfahren arbeiten

„Die wenigsten Menschen kennen das Geheimnis zu sich selbst höflich zu sein.“
Peter Bamm

Unser Ziel muss es sein, die Menschen glücklich zu machen und mit Bier und Essen zu versorgen. Zur richtigen Arbeitsstrategie gehören mehrere Faktoren: Aus finanzieller Perspektive kann ich Ihnen sagen, dass die Feste am Anfang eines Monats und jene, die auf die letzte und die erste Woche des Folgemonats fallen am ertragreichsten sind, da die Gäste zu diesem Zeitpunkt noch ihr Monatsgehalt in der Tasche haben beziehungsweise das neue Gehalt schon in greifbarer Nähe ist.
In der Praxis der Bierzelte geht es darum, möglichst viel Essen und Trinken an den Mann zu bringen, zum anderen gehört zur Arbeitstaktik die Sache mit dem Trinkgeld. Erfahrung und Geschick spielen hier wie oft eine große Rolle. Doch nicht nur wir Kellner benötigen darüber hinaus Geduld und ein großes Herz. Denjenigen, die sich noch in der Anfangsphase befinden, möchte ich ausgewählte Arbeitsstrategien im Bierzelt an die Hand geben.

Ein Tipp vorweg: Sprechen Sie mit den Kunden. Fragen Sie Ihre Gäste nach Ihrer Zufriedenheit, pflegen Sie eine gute Kommunikation mit Ihren Gästen, kümmern Sie sich und seien Sie stets freundlich.

Aufmerksamkeit ist das A und O

Grundsätzlich wird im Bierzelt geduzt, das schafft eine lockere und vertrauliche Atmosphäre. Augenkontakt mit den Gästen ist in der Gastronomie enorm wichtig. Sie fühlen sich so direkt wahrgenommen und können damit eine mimische Konversation beginnen, um zu bestellen oder zu signalisieren, dass alles in Ordnung ist.
Sie sehen, dass die Mass fast leer ist? Gehen Sie hin und fragen Sie nach, ob sie oder er eine neue möchte. So halten Sie die Gäste länger am Tisch oder vermeiden, dass diese bei anderen Kellnern ordern. Denn dann ist es nicht mehr Ihr Gewinn. Wenn Sie nicht sofort beim Gast sein können, können Sie mit kurzen Ankündigungen wie „Komme sofort!“ signalisieren, dass Sie den Gast wahrnehmen und sich gleich um ihn kümmern.

Sagen Sie beim Kassieren laut den Preis; Nuscheln oder Schweigen bringt Ihnen nicht viel ein. Waren Sie mit den Besuchern zufrieden, können Sie ihnen beim Bezahlen auf die Schulter klopfen und sich für den Besuch bedanken, das schafft Vertrauen und ein Wohlgefühl. So kommen Gäste gerne wieder, was man im Gespräch erwähnen kann. Damit kreieren Sie beim Gast ein Bewusstsein dafür, dass Sie ihn wieder erkennen und sympathisch finden. Denn man möchte gerne nächstes Jahr beim Lieblingskellner sitzen.
Setzen sich neue Gäste in Ihren Service - umdrehen und schauen, wo genau sie Platz nehmen. Wenn Sie an einen Tisch gehen, an dem neue Gäste sitzen, begrüßen Sie diese laut mit Sätzen wie „Servus, Griaß euch!", so als ob Sie sie schon kennen würden. Das gibt sofort ein gutes, geborgenes Gefühl.
Als Kellner laufen Sie selten allein in eine Richtung, das Zelt ist voll und überall stehen Leute, da heißt es stets Ruhe bewahren. Wenn Sie gerade zu einem Tisch laufen, Ihr Schlitten voll mit Essen ist, dann gehen Sie stets rechts. Kellner ohne Beladung gehen links, dann kommen Sie sich nicht in die Quere. Außerdem müssen Sie stets wachsam sein und Rücksicht zeigen. Sei es, dass Sie vorneweg laufen, dann achten Sie darauf, dass hinter Ihnen noch jemand kommen könnte.

„Der Gast ist mir etwas wert."

zum Nachdenken

Trinken Sie keinen Alkohol während der Arbeit. Das sieht man sofort. Kellner, die viel intus haben, schwitzen ungeheuer. Bei der Musikpause der Band, gönnen Sie sich eine kleine Verschnaufpause. Trinken Sie Wasser, essen Sie etwas Kleines oder sammeln Sie sich einfach kurz. Denn schon bald wieder heißt es: Gaudi an!

Das Aufnehmen von Getränken und Speisen

Ein Beispiel: An einem Tisch sitzen acht Männer, da können Sie durchzählen und fragen „Acht Mass, oder?" Auch wenn einer dann etwas anderes trinken möchte, haben Sie Zeit gespart und - ebenfalls sehr wichtig - eine lockere Atmosphäre geschaffen. Nach den Getränken fragen Sie gleich das Essen ab, denn jetzt sind die meisten noch nüchtern, später wird's schwieriger und dauert länger. Dabei an die Küche denken! Schwierig ist es,

wenn ein Gast für einen anderen Gast, der gerade nicht an seinem Platz sitzt, mitbestellt, da kommt es oft zu Verwechslungen. Ob das gut geht oder nicht, müssen Sie von Fall zu Fall abschätzen. Ansonsten kommen Sie lieber ein weiteres Mal an den Tisch, um die fehlende Bestellung aufzunehmen. Gäste wundern sich oftmals, warum eine Weinschorle länger dauert als eine Mass Bier; das ist ganz einfach so, weil sie im Normalfall eine weitere Anlaufstelle als das Bier hat. Wenn einer Ihrer Gäste einen Sonderwunsch wie zum Beispiel eine Cola-Mass hat, dann wird dieser zuletzt, also nach den Standardbestellungen, erfüllt.
Nach der Essenbestellung sammeln Sie die Karten ein und sagen zum Beispiel „So, jetzt kommen wir zum gemütlichen Teil." Das schafft Vertrauen und lockert auf. Wenn Sie Zeit haben, drehen Sie sich nach der Bestellungsaufnahme noch einmal um. Vielleicht ist dem Gast noch etwas eingefallen, glauben Sie mir, das spart Ihnen Wege.

Der Trick beim Kassieren

Direkt nach dem Servieren der Essen und der Getränke wird bezahlt, das ist die übliche Handhabung in Bierzelten. Den Geldschein sichern Sie zwischen zwei Fingern unterm Geldbeutel, bis Sie Ihr Rückgeld beisammen haben. Damit schützen Sie sich vor Falschbehauptungen der Gäste wie „Ich hab dir einen Fünfziger gegeben" (statt einem Zwanziger). Dieser Trick bleibt häufig nicht unversucht. Grundsätzlich gilt: Wenn die Mass kommt, muss sie sofort bezahlt werden. Wenn ein Gast gerade nicht auf seinem Platz sitzt, lassen Sie sich nicht abwimmeln. Als Kellner haben Sie keine Zeit jemanden zu suchen. Ermuntern Sie seine Begleiter für ihn zu bezahlen oder warten Sie einen Moment bis der Gast zurück ist.
Sie sollten sich dem Gast gegenüber stets freundlich verhalten, sich gegenüber dem Kunden nie überheblich zeigen. Wenn die Bestellung nur aus einer Mass besteht, dann bringen Sie eben nur die eine Mass. Dass Sie da hingehen und dem Gast sagen, wegen einer Mass lohne sich Ihr Weg nicht, entspricht nicht Ihrem Dienstleistungsgedanken. Daher kurze Wege in Kauf nehmen und Ihre Gedanken nicht laut denken.

Vorsicht vor Dieben

Ein Beispiel: Sie gehen zu einer Gruppe, die sich neu in Ihren Service gesetzt hat. Einer der Gäste ist besonders freundlich zu Ihnen, verwickelt Sie in ein Gespräch, herzt Sie, lacht mit Ihnen. Die Gäste bestellen Bier und Radler. Sie gehen zurück zum Bock, so wird der Ausschank im Fachjargon genannt, wo Sie ihre Getränke abholen. Sie holen die Getränke und kassieren die Gruppe ab. In einer kleinen Zwischenpause merken Sie, dass Geld oder gar die Geldbörse fehlen. Sie tragen stets viel Bargeld mit sich, das erhöht die Diebstahlgefahr. Daher: Viele Münzen machen ihn schwer und damit schlecht zu entwenden. Geldbeutel immer anketten!

Je länger Sie in Bierzelten kellnern, desto mehr werden Sie den Gast lesen können, ihn verstehen, selbst Gelassenheit ausstrahlen. Dadurch schaffen Sie wiederum eine positive Beziehung zum Gast, der es Ihnen danken wird.

Wenn Sie mit etwas Erfolg haben, dann ist das kein Ergebnis von Arbeit. Es ist ein Ergebnis des Lebens. Sie haben Spaß daran, in dieser Welt Ihren Beitrag zu leisten.“

Andy Granatelli

Übrigens: Beim Aufstuhlen abends unter die Bänke schauen. Da hab ich noch so manchen Groschen gefunden.

Eine Mass ist nicht gleich eine Mass

In Oberbayern und Niederbayern bedeutet eine Mass Bier einen Krug voll, aber zugleich genug Schaum dabei. Das heißt, dass diese Mass kein ganzer Liter sein kann, auch wenn das oft von den Gästen so gewollt ist. In Schwaben, Franken und in Teilen Nord- und Westdeutschlands wird eine Mass Bier mit genau einem Liter gemessen.

„Gibt's die auch voll?“ (Die Mass)
„Hat da schon jemand unterwegs getrunken?“

ein unzufriedener Gast

Am Bock werden die Bierkrüge von sogenannten Ausschank-Kellnern vollgefüllt. Eine gut eingeschenkte Mass, voll bis oben hin, auch mal über dem Eichstrich, kommt gut an. Jedoch können Eichamt-Kontrolleure, die sich ausweisen, jeder Zeit unangekündigt auftauchen. Dann heißt es, die Krüge abstellen und sogleich den Eichstrich kontrollieren lassen. Dadurch wird gemessen wie viel tatsächlich in den Krug gefüllt wurde. Bei zu wenig im Glas, muss man sofort nachschenken gehen.

Der Festumzug bedeutet Stress pur für alle Beschäftigten, da alle Gäste auf einmal kommen. Die Abläufe müssen hier sitzen und

„Der Kollege kommt glei!“ (und dreht sich um)
gestresster Kellner

jeder Handgriff wie im Schlaf gehen. Dass wir Bedienungen da stets als multi-tasking-Menschen fungieren, merken die Gäste und meiden ungeduldige Kommentare. Kellner sollten ihre Gäste soweit abschätzen können, bei wem man mit einer halbvollen Mass ankommen kann und bei wem lieber nicht. Dafür ist gutes Fingerspitzengefühl gefragt und die notwendige Erfahrung.

Kellner Eigenschaften

Ausdauer
Belastbarkeit, physisch wie psychisch
Ehrlichkeit
Fürsorglichkeit – andere Menschen glücklich machen und versorgen wollen.
Wille - den Job einfach gerne machen wollen.

Fragen mich zwei Damen: „Entschuldigung, wo kann man Bier bestellen?“

Sie würden nun sagen, eine Mass Bier kann jeder an den Gast bringen. Das stimmt, aber um möglichst großen Umsatz zu machen ist etwas Geschick gefragt. Ganz so einfach ist das nicht, das musste ich in meiner 20jährigen Zeit als Kellner feststellen. Verkaufen heißt, mit dem Gast ständig in Kontakt bleiben, nicht nur über Blickkontakt, sondern auch über Konversation, etwa Nachfragen wie „Magst noch a Mass oder a Limo?“ oder „Magst noch a Brezn mit am Käs?“ Ebenso Fragen nach der Zufriedenheit gehören zum Verkaufen als psychologischem Spiel dazu. Außerdem zählen Erfahrung in der Sache und ein gewisses Gespür für den Gast und seine Befindlichkeiten. Wenn man merkt, dass der Gast aufbrechen will, kann man ihn noch nach einem Schnaps fragen, das gehört dazu. Die Kellner möchten stets nur das Beste für ihren Gast. In Kontakt bleiben bedeutet natürlich auch, dass Sie zum Beispiel zum Rauchen nicht alle zehn Minuten hinausgehen wenn viel los ist und währenddessen den Gast vergessen, das merkt dieser ganz schnell und zeigt es in seinem Trinkgeldverhalten. Nur wenn man schon Erfahrung in den Abläufen hat und alles im grünen Bereich ist, geht das mal.

„Es gibt nur einen Erfolg: Auf DEINE Weise leben zu können.“
Christopher Morley

Ich möchte noch mit einem Gerücht aufräumen: Bierzeltbedienungen wird nachgesagt, dass sie nicht richtig wechseln würden und auf Betrügereien aus wären. Fakt ist, es kann mal vorkommen, spätabends, vor der Bühne, im schlechten Licht und Stress, aber das sind Ausnahmen. Es ist nicht das Anliegen der Kellner unsere Gäste hinters Licht zu führen. Auch fungieren aufmerksame Gäste als Zusatzkontrolleure.

Beispiele für Kellnertypen:
Der witzige, aber gemütliche Kellner
Der Kellner, der nur geradeaus schaut und nicht nach rechts und links
Das Urgestein – eine grantige, ältere Bedienung
Der lustige, schnelle Kellner
Der etwas langsamere Kellner

Manche Kellner bringen an einem Abend 100 Mass, manche sogar 300 und andere nur 80 Mass an die Gäste. Das macht unterm Strich viel Geld und Umsatz für den Wirt aus; und natürlich Trinkgeld für uns. Es lohnt sich also das Spiel des Verkaufens zu erlernen. Ich sage: „Jeder Gast kommt mit Geld in der Tasche ins Bierzelt. Und der Kellner muss wissen, wie er es ihm entlockt.“

Die Kunst mit Menschen zu arbeiten

Als Kellner sehen Sie die Gäste am besten direkt als Ihre Kunden. Gäste sind nicht einfach nur Besucher, sondern auch zahlfähige Kunden. Kellner benötigen hier ein gewisses Fingerspitzengefühl. Denn der gleiche Gast kommt vielleicht öfter während des Fests eine Mass trinken und wenn ein Kellner gut ist, setzt sich dieser Gast wieder und wieder in dessen Service. Der Gast honoriert die Bedienungsart des Kellners also zum einen damit, dass er sich stets zu ihm setzt und zum anderen damit, dass er gutes Trinkgeld gibt. Das ist natürlich nur ein Beispiel, aber so kann es laufen. Die schönste Bestätigung für einen Kellner ist, wenn ein Gast fragt im welchem Service man morgen arbeitet, damit er gleich weiß, wo er sich hinsetzen soll.

Was einem Gast bei einem Besuch besonders gefallen hat, kann sehr unterschiedlich ausfallen. Vielleicht war der Kellner sehr zuvorkommend oder es hat dem Gast gefallen, dass der Kellner ein bisschen mit ihm geplaudert hat. Sicher ist, der Kellner hat ihn bei Laune gehalten, sodass sich dieser Gast wohlfühlte.

Menschen sind manchmal nicht einfach, das werden Sie als Kellner schnell mitbekommen und wenn Sie ein gutes Gespür haben, merken Sie schnell, welcher Gast besondere Aufmerksamkeit braucht und welcher einem weniger lieb ist. Wichtig ist dabei, dass die Gäste sich benehmen und nicht rumgepöbelt wird. Das Beziehungsgeflecht zwischen Gast und Kellner zeigt sich innerhalb von Sekunden und man weiß, worauf man sich einzustellen hat. Gar nicht gut, finden wir Kellner es, wenn Gäste mit Pfiffen auf sich aufmerksam machen wollen.

Manch einer lernt aus Fehlern: Erbrechen im Bierzelt kostet gern mal ein paar Euro als Wiedergutmachung an den Putztrupp, der das Missgeschick bereinigt. Bei kleinen Festen muss man mal selbst einen Kübel Wasser darüber schütten und Sägespäne verteilen.

Wie schafft man es mit zwölf Mass durch die tanzenden Massen betrunkener Menschen in den Gängen? Gäste können mitunter sehr unangenehm sein. Einige sind genervt von den Kellnern, weil schon wieder einer mit seinen Mass und Hendl auf dem Schlitten durch muss und nicht mal „Vorsicht" oder „Sorry" sagen kann. Tatsache ist, dass man als Kellner im Dauereinsatz mit der Zeit immer abgehärteter wird und an solche Höflichkeitsfloskeln manchmal gar nicht mehr denkt. Auch wenn das eigentlich nicht zum Selbstbild passt. Es lohnt also, sich als Kellner ab und an selbst zu beobachten und sich gegebenenfalls zu korrigieren. Dass ein Gast gereizt ist, merkt man an seiner Körperhaltung oder seinen Kommentaren. Wir alle sind nur Menschen. Es gibt Tage, da ist man vom Lärm und dem ganzen Trubel im Zelt, dem Gedränge und der Hitze einfach genervt – das ist nur menschlich.

Achtung: In einem leeren Zelt, übersieht man eher einen Gast, als in einem vollen. Denn in einem vollen Zelt läuft man als Kellner ständig umher und kommt in alle Ecken.

„Die Brüh kannst net saufen! Die schmeckt erst nach der dritten (Mass Bier)."
ein unliebsamer Gast

Thema Wechselgeld

Bei einem Bierpreis von 6,50 Euro bis 7,90 Euro braucht man viel Wechselgeld. Fragen Sie Ihre Gäste daher stets, ob sie ein, zwei oder drei Euro klein einstecken haben. Sonst kommen Sie schnell in die Lage, wo Sie nicht mehr rausgeben können. Dann müssen Sie Ihren Service verlassen, neues Kleingeld holen und verlieren dabei kostbare Zeit. Manche Gäste sind einfach zu bequem und zahlen lieber mit großen Scheinen. Fragen Sie sie trotzdem freundlich nach ein paar Münzen.

„Es gibt auch Leute, die dauernd schlecht gelaunt sind."
eine Erkenntnis

Inklusiv-Biermarken, bei denen die Bedienung gleich inklusive ist, werden zunehmend beliebter bei den Gästen. Eigentlich geht das Bedienen dann sehr schnell, aber man bekommt kein Trinkgeld auf diese Gutscheine. Denn viele Gäste denken, das Bedienungsgeld sei Trinkgeld. Leider nicht meine Lieben!

„Dem Kellner kannst beim Laufen die Schuh besohlen ... Sitz scho a halbe Stund."
ein genervter Gast mit leerem Krug

Das Wetter

Letztlich spielt das Wetter eine große Rolle für den erfolgreichen Verlauf eines Fests. Gerade die mittleren Feste im Sommer profitieren vom Sonnenschein. Bei schönem Wetter kommen nicht nur deutlich mehr Besucher, der Bierkonsum ist dadurch um einiges höher. Die Besucher sind besser gelaunt und auch auf uns überträgt sich die ausgelassene Stimmung. Sonne am Himmel bedeutet Sonne auf den Gesichtern. Doch gilt hier ein gutes Mittelmaß als ideal: Bei zu großer Hitze leiden nicht nur wir schwitzenden Kellner. Gäste unter Alkoholeinfluss kollabieren und der Alkoholgenuss kann mitunter gefährlich werden – besonders wenn Gäste trotz Verbots anfangen auf den Tischen zu tanzen, und Sie als Kellner dann nichts mehr verkaufen. Hier gilt es einen kühlen Kopf zu behalten, im wahrsten Sinn des Worts.

„Ist der Sommer heiß und trocken, musst du dich ans Bierfass hocken ... Prost!"
ein Trinkspruch

Das Trinkgeldgrundrezept

Bei großen und langen Festen wird das Trinkgeld von uns Kellnern auch Schmerzensgeld genannt, da einem besonders in der zweiten Woche alle Glieder schmerzen. Ein schönes Trinkgeld hebt die Stimmung dann deutlich. Doch wie bekommt man ein richtig gutes Trinkgeld?

Was Kellner und Gäste wirklich zufrieden stimmt, ist die Freundlichkeit. Freundlich sein, lächeln, ein „Bitte“ und ein „Danke“, wie auch ein „Vergelt's Gott“ bringen Trinkgeld. Eventuell lohnt sich ein Flirt mit einer Kundin finanziell. Jedes Lächeln kommt zu Ihnen zurück, sei es in Form von Trinkgeld oder eben mit einem Lächeln des Gasts. So fühlen sich die Gäste gleich gut aufgehoben. Auf keinen Fall sollte man sich als Kellner zu Beginn seiner Schicht das Ziel setzen, an einem Tag besonders hohen Umsatz zu machen, da wird man schnell enttäuscht, da zu viele Faktoren den Umsatz bestimmen – Wetter, Gäste, Musik usw. Auch merken das die Gäste, wenn man sich zu sehr aufs Geldmachen verkrampft; als Reaktion geben Sie dann weniger Trinkgeld. Sie sollten es vermeiden, Ihr Trinkgeld ständig zu zählen, das macht keinen guten Eindruck. Wenn ein Gast nach dem Bezahlen ohne Kommentar gleich seinen Geldbeutel schließt, dann können Sie im Normalfall davon ausgehen, dass der Betrag so stimmt und Sie den Rest als Trinkgeld behalten können.

„Das Trinkgeld macht das Kraut erst fett.“
ein Kellnerspruch

Essentiell für ein gutes Verhältnis zum Gast ist zudem Ihre gepflegte Erscheinung als Kellner. Daneben kann natürlich eine gute Tracht beeindrucken. Doch die Besucher achten nicht nur darauf, sondern auch, ob Sie saubere Fingernägel haben, Piercings oder Tattoos besitzen oder feste Schuhe anhaben.

Immer ein Lächeln auf den Lippen haben, das können die Bedienungen ausgezeichnet, ich hab das Gefühl, dass das bei ihnen angeboren ist. Ein schönes Dekolleté ist natürlich sehr trinkgeldfördernd. So kitzeln Sie gewiss eine Menge Trinkgeld heraus. Außerdem zahlen in der Regel die Männer und mit einem tiefen Blusenausschnitt, lockern die Damen deren Geldbeutel. Aber auch Kellner haben ihre Reize beim Gast, so einseitig ist das nicht. Mit den Kellnern können die Gäste derbe Späßchen machen, sie haben Humor, sind stark und stehen ihren Mann.

Trinkgeld international

Trinkgeld – Deutsch
Mancia – Italienisch
Pourboire – Französisch
Propina (auch Regalo) – Spanisch
Tip – Englisch
Tschajewejie – Russisch
Tchu Buck – Rumänisch

Problematisch wird es mit dem Trinkgeldgrundrezept, wenn es sehr stressig zugeht im Zelt und die Gäste das nicht sehen wollen und zum Beispiel in den Gängen stehen und die Wege der Essenskellner und Bedienungen behindern. Dann können Kellner weniger höflich sein. Ein anderes Beispiel sind grantige, ältere Bedienungen, diese schauen unfreundlich drein und scheinen zunächst nicht auf Späße aus zu sein, denn sie sind schon oft Jahrzehnte dabei und haben schon alles erlebt und jeden Spaß mitgemacht. Da ist es ebenfalls schwer auf gutes Trinkgeld zu hoffen. Meine Erfahrung hat gezeigt, dass es kein oder nur wenig Trinkgeld gibt, wenn sich ein Gast beim Bezahlen am Kopf kratzt. Warum das so ist, kann ich nicht sagen.

Aber auch, wenn Sie zu wenig oder kein Trinkgeld bekommen, heißt es für einen Profikellner: Höflich und freundlich bleiben und sich bedanken. Mit einem unfreundlichen Gast bin ich besonders freundlich und am Ende stimmt die Rechnung meistens, das gehört zum erfolgreichen Kellnern dazu. Teil der Verkaufspsychologie ist, dass man die Charakterschwächen eines Kunden zu erkennen versucht. Man sollte dem Gast stets das Gefühl vermitteln, dass er der Größte ist, gerade wenn er die Rechnung bezahlt.

Bei Paaren kann man doppelt Trinkgeld bekommen. Wenn etwa die Frau auf die Frage „Getrennt oder Zusammen?“ mit „Getrennt, ich zahle meins selber“ antwortet, dann bekommt man zweimal Trinkgeld. Hier ist ein bisschen Geschick gefragt. Vergessen Sie nicht der Küche und dem Schankkellner am letzten oder vorletzten Tag ein freiwilliges Trinkgeld zu geben, das sollten schon fünf bis zehn Euro pro Person sein.

„Hier läuft die Ware nicht vom Band, hier, schafft man noch mit Herz und Hand.“

ein Insiderspruch

Trinkgeld Tipps

1. Fragen Sie beim Abkassieren zuerst, ob getrennt oder zusammen bezahlt wird. Dann können Sie gleich einschätzen, wie viel Zeit Sie für den Tisch brauchen.
2. Auf die Frage, was man denn beim Kellnern so verdient, antworten Sie einfach: „Nicht genug für diesen harten Job.“
3. Seien Sie aufmerksam und fragen Sie, ob ein Gast z. B. Extra-Soße für seine Haxe möchte. Das ist gut fürs Trinkgeld; geht aber nur, wenn man die Zeit dafür hat.

Richtig Trinkgeld geben

Wer als Gast anfangs gutes Trinkgeld gibt, kann sich sicher sein, dass er die ganze Zeit gut bedient wird. Bei größeren Reservierungen ist das so üblich.

Betrag unter 10 € = aufrunden, z.B. 6,80 € = 7,00 €

Ab 10 € = 5 -10 % Regel, z.B. 10 € = 11 €

Tipps und Tricks – 12 Masskrüge und mehr

An dieser Stelle möchte ich Ihnen als angehendem Kellner ein paar Karrieretipps mit auf den Weg geben: In wenigen Berufen können Sie durch guten Willen und Fleiß so viel erreichen, wie als Kellner, vor allem in Bierzelten. Als Bierzeltkellner brauchen Sie keine abgeschlossene Ausbildung, es wird Sie kaum einer fragen, ob Sie als Kellner ausgebildet sind. Allerdings ist für einen potenziellen neuen Arbeitgeber wichtig, ob Sie schon einmal zuvor gekellnert haben oder jemanden in der Verwandtschaft oder im Bekanntenkreis haben, der Ihnen das Kellnern schon einmal gezeigt hat und den Sie als Referenz angeben können.

„Einen Menschen erkennt man daran, wie er sich rächt."

Ernest Hemingway

Meine persönlichen Tipps und Tricks für Sie

1. Schnelligkeit - dann bekommen Sie gutes Trinkgeld. Trinkgeld ist in Deutschland nicht im Preis inbegriffen, in anderen Ländern gibt es das.
2. Den Gast im Auge behalten - weisen Sie Neuankömmlingen wenn möglich Plätze zu. Dies schafft eine Bindung zum Gast und je schneller dieser sitzt, desto schneller wird bestellt.
3. Den Überblick behalten - die Hendl- und Biermarken sollten Sie nie vorher einsammeln, sondern erst, wenn die Ware kommt.
4. Den Gast umkreisen - somit sichern Sie sich genügend Platz und haben die Gäste stets im Blick. Sie sind gleich zur Stelle, wenn die Gäste zahlen wollen.
5. Charme - zum Beispiel ein verführerisches Lächeln auf den Lippen, das geht. Treten Sie dennoch selbstbewusst und resolut auf.
6. Aufrichtigkeit - seien Sie stets ehrlich. Das ist ganz wichtig, der Gast sieht alles.
7. Kleingeld im Geldbeutel suchen - wenn Sie kein Kleingeld haben, können Sie nicht so gut rausgeben. Der Kunde sieht das, und sagt oftmals „Ach, runde auf Chef!".

8. Sauberes Auftreten ist ein Muss. Saubere Tische gehören dazu. Vergessen Sie nie, dass Ihr Gast sehr aufmerksam ist.
9. Wenn Sie die Bestellung aufnehmen, sollten Sie diese beim Aufschreiben laut nachsagen. Damit behalten Sie die Bestellung besser im Kopf und schließen Missverständnisse aus.
10. Wenn das Essen etwas länger dauert, immer schon das Besteck hinlegen. Verbunden mit einem lockeren Spruch, erscheint die Wartezeit kürzer.
11. Vertrauen vermitteln - dazu schauen Sie dem Gast in die Augen, bei der Begrüßung, bei der Bestellung, wie beim Small Talk.
12. Ein dickes Fell haben - dumme Sprüche und betrunkene Gäste ignorieren Sie so weit es geht; oder Sie kontern mit einem lustigen Spruch. Bleiben Sie freundlich und höflich. Aber man muss sich nicht alles gefallen lassen, im Notfall hilft Ihnen die Security.
13. Erziehen Sie Ihre Gäste - sobald Sie mit den Masskrügen an den Tisch kommen, reißen ungeduldige Gäste schon gern mal die schönste Mass an sich. Weisen Sie sie daraufhin, dass das von ihnen gewählte Bier leider alkoholfrei ist. Und schon geht der Krug zurück. Sie werden sehen: Bei der nächsten Runde passiert das nicht mehr.
14. Coolness - auch in stressigen Situationen sollten Sie sich den Stress nicht anmerken lassen.
15. Ausrüstung - haben Sie in Stoßzeiten einen Löffel, Senf, ein Röhrle und Besteck extra sowie Salz und Pfeffer in der Seitentasche stecken. Teller sind griffbereit.
16. Teamplayer - ein gutes Netzwerk ist das A und O, um gute Jobs zu bekommen.

„Zusammenrutschen meine Herrschaften, bitte! Da passen zehn Mann her, Danke."

Der Routinier

Ein Routinier ist ein alter Hase im Kellner-Geschäft und weiß, wo was zu verdienen ist – Innen und Außen, in den Logen, bei Reservierungen, ein Routinier ist überall, denn Revier ist nicht gleich Revier. Er kann seine Gäste sehr schnell nach ihrem

Auftreten und ihrem Aussehen beurteilen. Er besitzt genug psychologisches Feingefühl, um gleich zu wissen, welcher Gast potenziell Ärger machen könnte und welcher nicht.

Und nun möchten Sie noch wissen, wie wir es schaffen zwölf oder mehr Masskrüge zu tragen? Wir schieben die Henkel der Krüge nach innen. Bei der rechten Hand geht das wie folgt: zwei Krüge links (den Daumen durch), drei rechts, einen obendrauf. Nach dem zweiten Henkel den Zeigefinger oben drüber in den dritten schieben. Somit haben Sie einen perfekten Griff. Das an den Fingern beider Hände ergibt zwölf Krüge. Oder die noch härtere Variante: Jeweils drei auf beiden Seiten und einer oben auf, das ergibt 14 Krüge! Diese dann an den Körper drücken und ausschwärmen. Die Damen können ihre Mass an ihre Oberweite drücken, das geht leichter.
Theoretisch kann man sieben Krüge in einer Hand tragen: zwei links, drei rechts, einer in der Mitte gut zusammengedrückt, einer obenauf. Aber übertreiben muss man es auch nicht, die Schicht dauert ja schon ein paar Stunden. Sie können sich ja einmal vorher ausrechnen was das wiegen würde. Ein leerer Krug wiegt 1,26 Kilogramm!

Tipps für Gäste

Zuletzt ein paar kurze Hinweise an die Gäste: Das Zelt ist wegen Überfüllung geschlossen? Entweder Sie haben Vitamin B und kennen jemanden vom Personal, oder Sie müssen warten, bis die Security wieder Besucher rein lassen.
Ihnen gefallen die Masskrüge? Im Festbüro können Sie gerne welche erstehen. Die Mitnahme ohne Absprache wird als Diebstahl angezeigt.
Vorsicht bei Zechprellerei: Wenn ein Gast entschwindet, ist der Kellner verantwortlich und muss dies bezahlen, was allerdings selten vorkommt.

Was ein umgedrehter Bierkrug bedeutet – Mimik und Gestik

Wenn der Gast seinen leeren Bierkrug auf den Kopf stellt oder diesen hinlegt, heißt das, er nimmt noch eine Mass. Dieser Brauch kommt aus einer Zeit, als die Menschen üblicherweise noch aus Tonkrügen tranken. Aus Sicht der Kellner hat der Steinkrug den Vorteil, dass man nicht sehen kann, wie gut oder schlecht eingeschenkt ist, was von Schlitzohren gerne ausgenutzt wird.

Mit dem Daumen nach oben zeigen, heißt ebenso noch eine Mass bitte!

Fingerzeigen, mit zwei Fingern oder drei, dann bedeutet das zwei, drei, vier usw. Mass.

Fahrradfahren – mit den Händen eine Spule andeuten – heißt eine Radler-Mass.

Die Augen zu machen, heißt eine Schwarze Mass. Auch Bumba-Mass oder Goaß-Mass genannt.

Wenn der Gast ***mit der linken und rechten Hand Schneidebewegungen*** macht, heißt das, dass er ein Besteck möchte.

Dezentes Handzeichen, der Kellnerruf.

Augenzwinkern und Blickkontakt zum Kellner heißt: „eine Mass geht noch Chef."

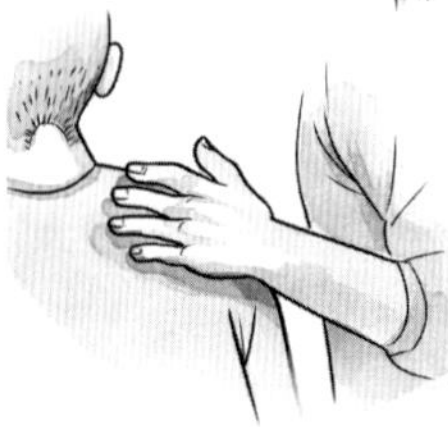

Schulterklopfer beim Bezahlen. Bei lauter Musik und bei gutem Trinkgeld heißt das „Vielen Dank".

Absetzen der Mass: Der Brauch nach dem Anstoßen nochmals den Bierkrug am Tisch abzusetzen, kommt aus dem Mittelalter. Damals war es nur erlaubt innerhalb seiner Zunft bzw. seines

Standes zu trinken. Wollte man mit jemanden aus einer anderen Zunft trinken, so setzte man nochmals den Krug ab.

Sie sehen, oft muss ich gar nicht viel reden als Kellner. Ich versteh der Gäste Willen auch durch Mimik und Gestik, gerade wenn die Musik sehr laut ist, funktioniert das wunderbar. Als Kellner können Sie einen Trick anwenden: Mit einer Trillerpfeife pfeifen, so sagen Sie „Achtung! Bier im Anmarsch!". Ich nutze diese Technik jedoch nur bei sehr vollem Zelt und extremen Geräuschpegel, eigentlich fast nie.

„Ach, mir tut das Herz so weh, wenn ich im Masskrug den Boden seh."
Volksmund

Wichtige Begriffe auf Bayrisch

Mass (die Maß)
Hendl (das Hähnchen)
fesch (hübsch)
Diredare (das Kleingeld, das Bargeld)
Minga (München)

Mehr dazu im Kapitel über das Oktoberfest.

Im Volksfestrausch – wenn der Sog nicht mehr schwindet

Süchtig nach Bierzelten, besser gesagt nach dem Bierzeltfeeling können sowohl die Gäste als auch die Kellner werden. Als Gast erlebt man die sagenhafte Stimmung Jahr für Jahr und dann möchte man mehr erleben und auf anderen Festen sein und dort sehen, wie die Bierzelte aufgebaut und geschmückt sind. So reisen manche Gäste von Fest zu Fest, den ganzen Sommer hinweg, quer durch Deutschland. Ich erkenne oftmals Gäste wieder und dann unterhalten wir uns, zum Beispiel so: „Ach, auch wieder da!" „Jo, mir macht das Spaß hier mit meiner vollen Mass zu sitzen, Herr Ober, und die Leute zu beobachten. Dabei kann ich tolle Musik hören. Rundum gut!" Darauf ich: „Sie sind aber auch überall!". Er: „Du aber auch Chef."

„Da kommen Sie nimmer weg."
eine Feststellung

Nicht selten musste ich leider Paare erleben, bei denen einer der beiden einfach nicht heimgehen wollte. Während der eine Partner fleht und bettelt, man möge doch endlich das Trinken aufhören, bestellt der andere Partner seelenruhig noch ein Bier. Das ist peinlich aber wahr. So manch einer, der den Ausgang vom Bierzelt nicht mehr findet, wird schon bald zum einsamen Dauergast.
Bei den Mitarbeitern kann sich jedoch dasselbe entwickeln, ich bin mittlerweile angefixt von diesem Gefühl, ich nenne es Bierzeltkick. Je länger man diesen Job macht, desto größer ist die Gefahr, dass man danach süchtig wird. Natürlich, man wächst in dieses Geschäft rein, will schnelles Geld machen und weiß, wie es funktioniert. Dabei hat man auch noch Spaß, wo gibt es etwas Vergleichbares?
Sie werden es nicht glauben, aber nach dem Winter, da möchte ich endlich wieder hinein ins Bierzelt. Und das geht nicht nur mir so, alle Saisonkräftekellner sagen das. Die Musik, die Leute, die Atmosphäre ziehen mich an. Süchtig eben. Es gibt einen gewissen Reiz als Profikellner im Bierzelt zu agieren. Wer einmal drin ist im Kellner-Milieu, der kommt nicht so leicht wieder raus. Schnell hat man seinen Freundes- und Bekanntenkreis dort aufgebaut, oft finden Leute hier sogar ihren Ehepartner. Die große Familie lässt einen nicht mehr los und irgendwann merkt man, dass man den Einstieg woanders gar nicht mehr schafft.
Ich muss sagen, dass die Verlockung groß ist, auch was andere Süchte wie Alkohol- oder Spielsucht betrifft. Manche meinen, die Arbeit ist reines Vergnügen, allerdings bleibt nicht mehr viel vom Lohn übrig, wenn am Abend noch alles versoffen wird. Sicher ist die Feierlaune der Gäste ansteckend. Ein paar Stunden Bierseligkeit – wer kann da schon widerstehen. Als Kellner sind Sie aber rein zum Arbeiten hier. Also bleiben Sie unbedingt standhaft und professionell.

Hinter dem Vorhang –
so starten Sie erfolgreich in den Beruf

Gute Vorbereitung ist die halbe Miete – Pausen und Unterkünfte

„My Car is My Castle!“
ein reisender Kellner

Als Kellner in Bierzelten haben wir einen anstrengenden, nervenaufreibenden und körperlich belastenden Job. Leerzeiten und Pausen sollten also gut genutzt sein!
Mit „gut nutzen“ ist in diesem Falle nicht gemeint, dass ich in den Pausen umherschwirre und all die Dinge tun, die ich während der Arbeit nicht geschafft habe. Leerzeiten nutzen, bedeutet, sich ausruhen und erholen. Bei Leerzeiten im Zelt können Sie Besteck wickeln und dabei entspannen. Das meine ich ernst, ansonsten brechen sie irgendwann vor Erschöpfung zusammen, vor allem dann, wenn Sie noch kein alter Hase im Geschäft, ein so genannter Routinier sind.
Suchen Sie sich daher in Ihren Pausen, sei es zwei Stunden an einem Tag, an dem Sie arbeiten einen ruhigen Ort. Können Sie bei Musik gut runterkommen, nehmen Sie Ihre Kopfhörer mit. Und dann - Sie werden es kaum glauben - machen Sie nichts, keine Aktionen! Legen oder setzen Sie sich hin und entspannen Sie, dösen oder schlafen Sie. Wenn Ihr Bauch knurrt, füllen Sie diesen natürlich zuerst, denn mit leerem Magen lässt es sich wahrlich schwer erholen. Nach Ihrer Ruhephase können Sie, wenn sich die Möglichkeit bietet, an einen nahegelegenen See oder in ein Bad fahren und dort ins kühle Nass tauchen, das erfrischt ungemein.
Bei Ihrer Rückkehr ins Zelt sind Sie wieder der freundliche Kellner, wach und aufmerksam. Das Bedienen muss Ihnen locker von der Hand gehen, bei Ihnen quasi im Schlaf funkti-

onieren. Denn der Gast sieht ALLES. So wie Gott alles sieht. Wenn Sie bereits professionell kellnern und auf mehreren Festen arbeiten, haben Sie in der Regel zwischendrin ein paar Tage frei. Hier heißt das Zauberwort ebenso Erholung!
Mein persönliches Erfolgsrezept lautet: Schaffen Sie sich Feierabend-Rituale, das entspannt Ihre Seele, gerade wenn Sie nach der Arbeit im Bierzelt an einem fremden Ort übernachten. Für mich ist das ein Abendessen bei dem ich den Fernseher anschalte. Beim Fernsehen kann ich am besten runterkommen. Nach dem Bierzelt läuft in meinem Kopf zuerst noch der Film meiner Eindrücke – das Zelt, die Menschen – wenn ich fernsehe, kann ich das abschalten. Planen Sie nach jedem Fest ein bis zwei Tage Wellness ein. Für unsere Höchstleistungen als Kellner brauchen wir eine robuste Gesundheit.

Die Unterkunft

Um die Unterkunft bei einem Volksfest außer Haus müssen sich alle Bedienungen selbst kümmern. Sie wird nicht von den Betreibern zur Verfügung gestellt. Eine Gelegenheit, sich den passenden Schlafplatz zu suchen, bietet zum Beispiel ein Inserat in der Zeitung, gerade wenn man in der jeweiligen Stadt niemanden kennt und kontaktfreudig ist. Den Internetanbieter Airbnb kann ich außerdem empfehlen. Hier kann man neben seinem Wunschort angeben, ob es eine Wohnung oder ein Haus, ein eigenes Zimmer oder Gemeinschaftszimmer sein soll. Bezahlt wird vorab für die Anzahl der Nächte. Wenn Sie natürlich Freunde in der Stadt haben, können Sie eventuell für die Volksfestdauer bei diesen unterkommen. Weitere, eher selten genutzte Unterbringungsmöglichkeiten sind Pensionen oder Hotels. Viele Kellner haben ein eigenes Wohnmobil oder einen Wohnwagen.
Eine Unterkunft sollte generell zwischen 15 und 25 Euro pro Person und Nacht kosten. Mehr sollte man nicht ausgeben, dann rechnet sich das im Verhältnis zum Verdienst als Kellner nicht mehr. Früher haben die Wirte noch eine Auslöse für die Unterbringung gezahlt, heute leider immer seltener. Sicher sind Ihre Unterbringungskosten steuerlich absetzbar.

Die Schlafstätte ist wichtig, damit Sie nach der anstrengenden Arbeit einen Ruhepol haben und vor allem, dass Sie tatsächlich gut schlafen können. Denn gerade Schlaf bietet die beste Erholung und Stärkung für den nächsten Tag. Leider sind Kellner oder Küchenhilfen aus Bierzelten manchmal nicht gern gesehen bei Vermietern. Den Kellnern haftet ein schlechtes Milieu an. Bei Vermietern herrschen leider Vorurteile gegenüber Saisonkräften; sie wollen weder Alkoholkonsum noch Rauchen in der Wohnung – mit beiden Lastern werden wir Kellner leider fälschlicherweise in Verbindung gebracht. Doch wenn man die Chance bekommt, sich persönlich bei einem potenziellen Vermieter vorzustellen, ist diese Hürde schnell genommen.

„Der Kopf tut weh, die Füße stinken, höchste Zeit ein Bier zu trinken."
ein Trinkspruch

Manche, die sich keinen Schlafplatz leisten wollen, übernachten einfach in ihrem Auto. Da hat man alles dabei, was man braucht und das ist nicht wenig. Duschen kann man dann im Sommer in einem Freibad, bei Freunden oder am Platz bei den Schaustellern oder Betreibern. Umziehen und alles andere machen diese Kollegen im Auto, auf den Toiletten, wo sich die Gelegenheit bietet.

Mein Geheimrezept:
Um große Feste durchhalten zu können, arbeitet man vorher am besten auf mehreren kleinen. Dadurch wird man stärker als Kellner und robuster. Außerdem: Vitamine, gute Ernährung, ausreichend Schlaf und einen Schluck Bier, das gibt Kraft. Es ist ein Knochenjob, da beißt die Maus keinen Faden ab.

Zettel, Stift und Tracht – was ein Kellner alles braucht

Die Ausrüstung eines Saison-Kellners ist enorm wichtig, denn sie sollte die ganze Saison hinweg halten und vor allem nicht lästig wirken. Daher braucht man zuallererst einen stabilen Gürtel an dem alles Weitere hängt. Gürtel aus Leder sind hierfür sehr gut geeignet, da Leder nicht nur reißfest ist, sondern auch nachgibt, daher flexibel und nicht zu starr ist. Am Gürtel sind dann Geldhalter, Biermarkentasche, mehrere Flaschentaschen und weitere Taschen fürs Zubehör befestigt. Zubehör können etwa Zigaretten und Feuerzeug, das eigene Kellner-Besteck und das Handy sein. Es gibt mittlerweile Geldbeutel mit Beleuchtung, die gerade bei Festen im Freien ein großes Plus ausmachen.

Für diejenigen, die das Kellnern nur als Nebenjob ausüben, ist eine solche Ausrüstung eine kostspielige Sache. Denn eine komplette Ausrüstung, die gut verarbeitet ist, muss mit 200 bis 300 Euro veranschlagt werden. Für den Anfang also, oder als Kellner in Nebenbeschäftigung, kann man normale Geldbeutel und Bauchtaschen aus dem Supermarkt nutzen, wo man die Dinge hineinlegt. Man muss aber sagen, dass eine Spezialausrüstung für Kellner ihr Geld auf jeden Fall wert ist, da sie handlicher als normale Geldbeutel und Taschen und dazu extrem robust ist.

Die echte Ausrüstungsware ist qualitativ sehr hochwertig. Manche der Hersteller reisen von Fest zu Fest, präsentieren ihre Ware vor Ort und verkaufen sie an Interessierte. Doch auch bei den Herstellern für Kellner-Ausrüstungen gibt es enorme Unterschiede, was die Qualität betrifft. Ich persönlich nehme meine Ausrüstung nur von der Firma Kaiser Tracht aus München. Die Produkte vom Indianer Peter – so nennt man den Inhaber in der Gastroszene – sind exklusiv und überzeugen mich, da hier nur sehr gutes, starkes Leder qualitativ hochwertig verarbeitet wird. Echte Handwerksarbeit eben und das Beste was es auf dem deutschen Markt momentan gibt. Auch privat bin ich dort schon fündig geworden, so gibt es bei Kaiser Tracht unter anderem Lederhosen mit tollen Aufschriften. Der Indianer Peter ist ein fester Bestandteil unserer Community. Nach vielen Jahren und unzähligen Volksfesten kennt man sich und schätzt sich, zwischenmenschlich wie beruflich.

Neben dem Gürtel sind natürlich feste Schuhe nötig, die den Füßen guttun und eine Trachtlederhose oder ein Dirndl. Da gäbe es auch Kleider oder Hosen aus Baumwolle oder synthetischen Stoffen, die optisch dem Trachtenlook ähneln. Bei den Lederhosen sind Bock-Lederhosen solide, aber die Hirschlederne ist meiner Meinung nach besser.
Genauso wichtig ist es, bei den Hemden auf gute Qualität zu achten. In qualitativ hochwertigen Hemden fühlt man sich nach langen Arbeitsstunden noch wohl, in günstigen Polyester Hemden schwitzt man schnell und die Hemden kleben dann unschön am Körper. Qualitative Unterwäsche und Socken sind sehr wichtig, damit diese angenehm zu tragen sind. Nichts schlimmer als ein Kellner, der sich heimlich am Allerwertesten kratzt.
Zur Ausrüstung eines Profi-Kellners gehört ein eigener Schlitten, so wird das große Tablett auf dem das Essen serviert wird, genannt. Den Schlitten können Sie für ungefähr 50 Euro bei Ebay kaufen. Individueller gestalten Sie es, wenn Sie einen Schreiner kennen. In den Zelten spricht es sich auch herum, wer die größeren Schlitten verkauft. Kleinere Tabletts können Sie in der Metro kaufen, wenn Sie die Möglichkeit dazu haben. Vielleicht nicht gleich offensichtlich, aber genauso wichtig ist der Klang der Kellner-Stimme. Das heißt, nicht nur die Klamotten müssen ordentlich sein, auch Ihre Stimme muss wie geölt funktionieren. Für die Stimme sind Lutschtabletten mit Honig oder Salbei zu empfehlen. Diese sollten Sie einstecken haben. Für den Fall, dass man sich durch das viele Tragen und Laufen die Haut aufreibt, sollten Sie Creme und Pflaster mitnehmen. Für die Pflege der Hände und Füße empfehle ich Franzbranntwein zum Einreiben; der ist gut für die Gelenke. Blasen sind allerdings normal, auch bei eingelaufenen Schuhen. Das passiert meist in der ersten Woche, da „läuft man sich schnell mal einen Wolf", wie wir Kellner das nennen. Danach spürt man durch gute Pflege nichts mehr.
Für die Pflege Ihres Immunsystems sollten Sie ausreichend Vitamine aufnehmen und ausgewogen essen; das heißt nicht nur Hendl, sondern auch Obst und Salat. Trinken Sie mindes-

tens zwei Liter Wasser täglich und machen Sie einen kleinen Spaziergang an der frischen Luft. Nehmen Sie unbedingt Ihre Hausapotheke mit. Krank zu sein, kann sich keiner erlauben.

Checkliste Ausrüstung

- **Für Ihn:** Lederhosen, Westen, Hemden, Handmanschetten
- **Für Sie:** Dirndl, Blusen, Strickjacke
- **Für Beide:** Schuhe, Unterwäsche, Halstücher, Regenjacke

- Geldbeutel mit Beleuchtung, Gürtel, Taschen, Feuerzeug, Kellner-Besteck
- Wechselgeld, Kleingeld, Ersatzgeldbeutel und Ersatzgürtel
- Kugelscheiber, Kellnerblöcke
- Im Service: Beschriftungsband, Kreide
- Für die Tische im Zelt: Putzeimer, Putzlappen, Wischer, Handschuhe, Abzieher, Hangerl
- Schlitten, Tablett

- Nähzeug, Wäscheklammern
- Franzbranntwein, Pflaster, Salbe, Schmerzgel, Ohrstöpsel
- Lutschtabletten, Vitamine, Hausapotheke, Süßigkeiten für die Nerven

Gut zu wissen

Westen, Dirndl, Schürzen, Halstücher - da hat auf den großen Festen jeder Zeltbetreiber eine andere Vorstellung. Diese Utensilien müssen nach deren Vorgaben gekauft werden. Früher bekam man Westen oder Halstücher umsonst vom Festwirt – sogar die Hemden gab es geschenkt. Mittlerweile aber verlangt jeder Festwirt gleich zu Beginn den Betrag für die einheitliche Ausstattung. Dabei verteilen sich die Kosten wie folgt: Eine Kellner-Weste kostet um die 75 Euro, ein Halstuch liegt bei fünf Euro, die Dirndl-Schürze macht zwischen 100 und 200 Euro. Manche Zeltbetreiber haben eigene Hemden für ungefähr 20 Euro. Ein jeder muss also zunächst in das Projekt investieren.

Schlimmer als Blasen an den Füßen – Gesundheit

Noch schlimmer als ein paar Blasen an den Füßen ist die Vernachlässigung der eigenen Gesundheit, der physischen wie der psychischen. Mit dieser Thematik sollte sich ein reisender Kellner intensiv beschäftigen, da er sich sonst keinen Gefallen tut. Als Kellner braucht Ihr Körper überdurchschnittlich viel Energie und Kraft. Wenn Sie sich nicht gesund und ausgewogen ernähren, merkt das nicht nur der Gast, sondern Sie gehen dadurch an Ihrem Job kaputt. Kellner, die nur trinken, rauchen, nicht genügend schlafen und vor allem nicht regelmäßig und gesund essen, zerstören sich selbst. Jene Kellner schauen dann mit der Zeit sehr verbraucht und älter als sie eigentlich sind aus. Von potenziellen Arbeitgebern und Kunden werden sie dann gefragt, wie alt sie sind und wo sie arbeiten – Prost Mahlzeit! Das macht wirklich keinen guten Eindruck im Geschäftsleben. Denken Sie daher an Ihre tägliche Portion Obst und Gemüse. Es ist einfacher als Sie denken: Stecken Sie sich einfach eine Banane oder einen Apfel in die Tasche und essen Sie diesen während Ihrer Pause im Bierzelt. Ernähren Sie sich während der Feste nicht nur vom Bierzeltessen, das zwar lecker aber nicht unbedingt gesund ist. Und trinken Sie regelmäßig Wasser, um damit Giftstoffe aus Ihrem Körper zu spülen.

„Herr Ober, wie laufen die Geschäfte? Auch schlecht?'“
Die meisten Leute wollen immer das Negative hören, dann sag ich manchmal: „Außer der Nase läuft nichts!“

Auch der ständige Wechsel von Wärme und Kälte beim Bedienen kann zum Gesundheitsrisiko werden. Gerade auf kleineren Festen müssen Sie zwischen Bierzelt und Biergarten hin- und herrennen. So können Sie sich schnell eine Erkältung einfangen und diese lange nicht mehr los werden. Nehmen Sie sich daher eine Jacke zum schnell Drüberziehen mit. Ein Halstuch sieht nicht nur adrett aus, sondern schützt auch Ihren empfindlichen Hals. Hat es Sie dennoch erwischt, sollten Sie sich nach Feierabend so gut es geht auskurieren, ansonsten müssen Sie Ihren Ersatz selbst organisieren.
Ebenso sind Entspannungsphasen während der Arbeitseinsätze und im Jahresverlauf sehr wichtig. Das hört sich zu-

nächst banal an, doch psychischer und physischer Stress treten beim Bierzeltkellnern leider sehr häufig auf. Da gerade die Arbeit in diesem Gewerbe schnell eine eigene Dynamik entwickelt, die nicht nur Ihren, sondern den Lebensrhythmus Ihrer ganzen Familie bestimmt. Fragen Sie sich daher bereits bei der Planung Ihres Arbeitsjahres selbstkritisch, ob Sie alle Arbeitseinsätze, die Sie für das Jahr planen, wirklich durchhalten. Planen Sie unbedingt freie Tage ein, an denen Sie sich wirklich erholen können.

Während meines Berufslebens habe ich leider schon sämtliche Gesundheitsprobleme meiner Berufsgruppe mitbekommen – auch die seelischen Leiden. Nicht selten höre ich in meinem Arbeitsumfeld sogar, dass ein junger Kellner zusammengebrochen ist, dass er dem psychischen Druck funktionieren zu müssen einfach nicht gewachsen war. Als Kellner müssen Sie viel einstecken: Das Nicht-Akzeptiertwerden bei manchen Arbeitgebern, Kollegen und Gästen, ständiger Leistungsdruck, der Zwang immer nett und freundlich zu bleiben, auch wenn Ihnen nicht danach ist. Das hält nicht jeder aus.

Wenn Sie sich jedoch ausgewogen ernähren, nicht nur Fettiges, sondern auch Gemüse und Rohkost essen und genug Wasser trinken, werden Sie keine Probleme haben. Daneben ist es von großer Bedeutung, dass Sie zwischendurch abschalten und mit sich im Reinen sind. Mit einem gesunden Lebensstil werden Sie bei anstrengenden Einsätzen auf Bierzeltfesten Freude an der Arbeit haben.

Stichwort Ausdauer – meine Pflegekur für die Füße

Gehen Sie vor der Arbeit zu einem Masseur und lassen Sie sich mit einer Fußmassage verwöhnen. Danach reiben Sie Ihre Füße mit Franzbranntwein ein.

Nach der Arbeit machen Sie ein Fußbad und tragen ein kühlendes Gel auf die Füße auf. Bei angeschwollenen Füßen helfen eiskalte Quarkwickel. Beine hochlegen – Feierabend!

Wie das Lohn- und Vergütungssystem funktioniert

Als Kellner auf Volksfesten arbeiten Sie auf selbstständiger Basis und werden für die Dauer eines Fests beim Zeltbetreiber angestellt. Sie bekommen keinen geregelten Stundenlohn. Ihre Entlohnung erfolgt über das sogenannte Bedienungsgeld plus dem freiwilligen Trinkgeld der Gäste. Das Bedienungsgeld für den Kellner berechnet sich aus der Differenz des Einkaufspreises einer Mass Bier und dem Verkaufspreis an den Besucher. Das bedeutet, ich verdiene nur etwas, wenn ich etwas verkaufe. Das ist gut so. So ist es tatsächlich mein Geschäft für das ich mich bemühe.

Die Differenz liegt im Ermessen des Bierzeltbetreibers. In der Regel wird 12 % vom Brutto-Betrag gezahlt. Eine Mass kostet zum Beispiel 7 Euro, circa 70 Cent bleiben dann übrig. Theoretisch. Davon geht noch die Mehrwertsteuer ab und die Sozialabgaben wie Krankenversicherung und Rentenversicherung, übrig bleiben circa 50 Cent, die ich an einer Mass verdiene. Beim Essensverkauf verhält sich die Rechnung ähnlich. Manche Wirte zahlen mehr, andere weniger. Letztlich erhalte ich unter dem Strich 7 bis 8 % vom Ursprungsbetrag.

„Wir sind Exoten."
eine Zeitung aus Franken über die Leute vom Platz

An den Stunden gezählt, die ich als Kellner im Bierzelt verbringe, ist der Stundensatz, also die verkauften Getränke und Essen pro Stunde, gering. Wenn Sie jedoch die Stoßzeiten hinzunehmen, lohnt es sich. In diesen Zeiten verdienen Sie in kurzer Zeit viel, wenn Sie selbst flott sind. So macht das Bedienen mehr Freude. Die restlichen Stunden Ihrer Schicht muss aber auch bedient werden und Sie müssen anwesend sein, wenn wenig oder nichts los ist im Zelt.

Mit dem Bedienungsgeld habe ich allerdings nur einen Teil des Lohns gedeckt. Ganz wichtig beim Bedienen in Bierzelten ist außerdem das freiwillige Trinkgeld der Gäste. Wenn ich die Besucher zufriedenstelle, mir die Bestellungen gut merke, schnell unterwegs bin und mit den Gästen gut und gepflegt kommuniziere, wird sich das positiv auf mein Trinkgeld auswirken. Dass es in Bierzelten gutes Trinkgeld gibt, ist ein alter Hut.

„Es ist nichts los heut, oder? Aber umsonst wirst es schon nicht machen, sonst wärst nicht hier."
ein taktloser Gast

Als Trinkgeld üblich sind 5 bis 10% der Mass und des Essens. Meine Erfahrung besagt jedoch eine Art von Trinkgeldpsychologie: Das heißt bei 8,10 Euro geben die Gäste 8,50 Euro; bei 8,20 Euro genauso 8,50. Bei 8,40 Euro ebenso. Ausnahmen bestätigen die Regel, die dann 9 oder 10 Euro sagen. Vor allem bei freundlichem, sauberem und selbstbewusstem Auftreten, wird Ihnen das oft passieren. Die Damen (Bedienungen) mit gutem Auftreten, also einem schönen Dirndl mit Ausschnitt, erhalten gutes Trinkgeld, wenn die männlichen Gäste zahlen. Aber auch bei den Kellnern spielen die Damen als Zahlende eine Rolle. Kellnerinnen bekommen meist mehr Trinkgeld.

Sie möchten Ihr Trinkgeld erhöhen? Dann sagen Sie den Bierpreis laut beim Abkassieren, so überlegt der Gast schneller und gibt unter leichtem Druck mehr Trinkgeld. Außerdem: Je schneller Sie sind, desto mehr wird in der Regel freiwillig gegeben.

Ein Kellner sollte ein gewisses Unterhaltungsgeschick mitbringen. Wenn man dieses gut einsetzt, werden es Ihnen die Gäste danken. Sie müssen und sollen den Gästen keinen Roman erzählen, aber Small Talk über das Zelt, das Trinkverhalten, die Musik und natürlich das allbeliebte Wetter ist nie verkehrt. Manche Gäste erzählen Ihnen Privates, über ihren letzten Urlaub, Familie und Freunde, ja sogar Lästereien über Arbeitskollegen. Da sollte man ein guter Zuhörer sein. Am Ende, wenn die Gäste nach Hause gehen, sind sie glücklich, weil sie sich das Herz ausschütten konnten – und so kommen sie wieder. Ganz bestimmt.

Gast zu mir:
„Mach neun (bei € 8.80), aber versauf nicht alles. Leg es gut an, am besten in Schnaps, da gibt's 40% oder in Bier, da gibt's 5.8%."

Zum Schluss hängt die Endabrechnung noch davon ab, wie Sie beim Arbeitsamt gemeldet sind, auf welcher Basis Sie im Bierzelt arbeiten. Zunächst bekommen alle Kellner und Bedienungen den gleichen Satz. Je nachdem wie die Regelung tatsächlich lautet (70 Tage im Jahr, Vollzeit, etc. näheres im Kapitel *Die Rechnerei mit den Tagen*), können Sie am Jahresende noch berufliche Ausgaben von der Steuer absetzen und zurückholen.

Ein Kuriosum habe ich noch: Beleibte Menschen geben mehr Trinkgeld. Die körperliche Fülle eines Menschen, bedeutet eine Fülle an Masse; sie verspricht Energie und Trinkgeld. Üppige Gäste sind einfach grozügiger - zu sich selbst und zu anderen.

Versicherungen für Kellner – eine Übersicht

Ja, in der Bierzeltgastronomie muss sich jeder Beschäftigte um die arbeitsrechtlichen Punkte selbst kümmern. Jetzt denken Sie vielleicht: „Arbeitsrechtliche Punkte? – Oje, das trieft doch vor Trockenheit!“ Das mag sein, aber wenn Sie sich mit dem Thema beschäftigen, ist es auf einmal ganz einfach:
Zunächst klärt man die Art der Krankenversicherung ab. Wenn ich auf Volksfesten kellnere, dort befristet angestellt bin, gebe ich bei den Bierzeltbetreibern stets zu Beginn die Krankenkasse an und sehe zu, dass ich bei der Krankenkasse auch registriert werde. Hier muss man wachsam sein, denn die Abwicklung über den Zeltbetreiber wird nicht immer ganz sauber gehandhabt. Ich spreche aus Erfahrung. Dann frage ich nach, ab welchem Datum ich bei der Krankenkasse gemeldet bin. Denn so weiß ich, bis zu welchem Termin auch meine gesetzliche Nachversicherung gilt. Nach Ende des Fests und der Abmeldung sind das genau vier Wochen. Je nach Krankenversicherung bekommen Sie im Krankheitsfall auch Krankengeld.
Durch das viele An- und Abmelden ist auch mir mal ein Fehler beim Registrieren unterlaufen. Daher: wachsam sein, konzentriert und verantwortungsbewusst handeln. Das Fest läuft eine bestimmte Zeit, der Kellner muss aber am Vortag schon beim Einstuhlen da sein. Ist der Tag mitversichert und auch der Weg zur Arbeit? Das muss von Fall zu Fall immer mit dem Zeltbetreiber geklärt werden.
Als Selbstständiger mit Gewerbeschein lassen Sie sich bei der Krankenkasse freiwillig pflichtversichern. Ihr monatlicher Beitrag bemisst sich nach Ihrem Einkommen, das über den Einkommensteuernachweis berechnet wird.
Und dann gibt es da noch die ganzen privaten Zusatzversicherungen, wie Berufshaftplicht und Co. - Deutschland ist ja auch als das Land der Versicherungen bekannt. Damit Sie sich bei den vielen Angeboten problemlos zurechtfinden und die richtige Versicherung für sich selbst raussuchen können,

hat Ihnen mein Versicherungspartner freundlicherweise eine kleine Übersicht zusammengestellt. In der Übersicht sehen Sie, was für angestellte und für selbstständige Kellner jeweils zutrifft. Erkundigen Sie sich bei Ihren privaten und gesetzlichen Versicherungspartnern, welches Versicherungspaket das richtige für Sie ist.

Kellner-Versicherungsübersicht

Versicherungsart	ausschließlich angestellte Kellner	selbstständige Kellner (auch wenn nur gelegentlich)
Berufsunfähigkeitsversicherung	X	X
Betriebshaftpflichtversicherung		X
Unfallversicherung	X (als Ergänzung zur Berufsgenossenschaft)	X
Krankenvollversicherung		X (ggv. freiwillige Versicherung in der GKV*)
Krankenzusatzversicherung	X	X (ggv. wenn freiwillige Versicherung in der GKV*)
Rechtsschutzversicherung	X	X

* GKV = gesetzliche Krankenversicherung

Zur Veranschaulichung hier ein paar kostspielige Szenarien, was alles passieren kann:

Situation 1: Sie haben an einem Tisch eine große Bestellung aufgenommen, zehn Mass. Sie holen diese ab, möchten die Masskrüge zum jeweiligen Tisch tragen, 10 in den Händen, doch auf dem Boden liegt eine Tasche, Sie stolpern, fallen hin und schneiden sich die Sehnen auf.

Situation 2: Die Hütte ist voll, der Abend spät. Es sind sehr viele Besucher da, alkoholisiert. Noch ist die Musik laut, die Stimmung super. Doch dann kippt sie plötzlich, eine Männergruppe pöbelt sich gegenseitig an. Und schon fliegen die Bierkrüge und die Fäuste. Dann gilt es, sofort die Security zu holen.

Situation 3: Sie sind schon seit acht Stunden auf den Beinen, laufen die Treppen hoch und wieder runter, das Zelt füllt sich immer mehr, die Leute werden immer lauter und frecher. Sie spüren, dass Ihnen alles nur noch zu viel wird, aber stehenbleiben können Sie nun auch nicht. Sie machen weiter ohne Trinkpause, nur einen Schluck Bier gönnen Sie sich. Und plötzlich fallen sie um - Ohnmacht oder gar ein Schlaganfall durch Stress.

Die Rechnerei mit den Tagen – Sozialversicherung, Steuer und Arbeitslosengeld

*„Des Bier im Bierzelt ist halt a wenig teuer, aber wir trinken unsere Massen trotzdem aus,
Mir zahlen für die Dummheit a Steuer, es wär besser, mir bleiben Z`haus...
Prost!"*

ein Trinkspruch

Die Steuer in Deutschland ist, das weiß jeder, sehr kompliziert, und erst recht in der Gastronomie. Regelungen für das Arbeiten in Bierzelten gibt es genug. Allgemein gilt: Durch die Mindestlohnstundenerfassung 2015 darf man höchstens zehn Stunden pro Tag sechs Tage die Woche arbeiten. Wenn ein Fest länger als sechs Tage geht, bekommt man dafür ein bis zwei Ausgleichstage in Anschluss an das Fest. Die Dokumentationspflicht der Betreiber ist sicher ärgerlich und bringt uns Kellnern herzlich wenig.
Hauptberufliche Kellner und so genannte Profi-Kellner sind sozialversicherungspflichtig und zahlen den üblichen Steuersatz. Manche Wirte behalten dann eine sogenannte Vorsteuer, die sie zum Schluss des Fests abnehmen. Andere schicken erst nach dem Fest die Steuerabrechnung, eventuell kommt eine Nachzahlung hinzu.
Damit Sie in Zukunft sagen können „Natürlich, so geht das!" - hier die wichtigsten Steuer-Regelungen. Bei allen Regelungen gilt: Arbeitsbescheinigung nach jedem Fest direkt an das Arbeitsamt weiterleiten. Andernfalls gibt es kein Arbeitslosengeld und der Versicherungsschutz ist eventuell nicht abgedeckt.

Die 70-Tage-Regelung

Wenn Sie neben Ihrer Hauptbeschäftigung als Angestellter in einem Betrieb nicht mehr als 70 Tage im Jahr als Kellner arbeiten, dann zahlen Sie keine oder nur sehr geringe Steuern. Wenn Sie darüber kommen, zahlen Sie unnötig mehr Steuern. Am Ende des Jahres können Sie diese Arbeitstage als Kellner bei der Steuererklärung geltend machen. Aufgepasst: Manche Wirte verlangen trotzdem die sechser Lohnsteuerkarte von früher und veranschlagen sofort Steuern. Da sollte man sich beim Steuerberater erkundigen, wie das genau gehandhabt wird. Denn innerhalb dieser Regelung können neue Auflagen auftreten. Renten- und Krankenversicherungsbeiträge werden in diesem Fall für Ihre Kellnertätigkeit nicht fällig. Erst seit Januar 2015 gelten die 70 Tage, zuvor waren nur 50 Tage im Jahr erlaubt. Viele der Gastronomiefamilien schätzen diese Handhabe.

Die 180-Tage-Regelung

Wenn man 180 Tage - am Stück wären das sechs Monate - im Jahr in Bierzelten kellnert, hat man Anspruch auf 90 Tage Arbeitslosengeld. Über den Winter hinweg oder zwischen den Festen. Gehen in einem Jahr keine 180 Arbeitstage zusammen, kann man diesen Zeitraum auf zwei Jahre verteilen, man hat aber erst nach den 180 absolvierten Tagen Anspruch auf das Arbeitslosengeld. Dabei muss es sich aber immer um kurzfristige, befristete Arbeitsverhältnisse handeln. Dann ist man sozialversicherungspflichtig.

Auf den ersten Blick sieht es nun so aus, als ob wir Saison-Kellner weniger arbeiten müssten. Rechnen Sie jedoch mit durchschnittlich acht Stunden pro Tag, verbrachten Bierzeltkellner bis 2015 insgesamt ungefähr 40 Arbeitstage mehr in den Zelten, da eine normale Schicht von 10.00 bis 23.00 Uhr ging. Das entsprach den regulären 220 Tagen, die ein Arbeitnehmer im Jahr schafft. Somit ergibt die Rechnung mit den Tagesansprüchen einen Sinn.

Leider ist es nicht so einfach, wie es sich liest. Jedes Fest muss der Agentur für Arbeit korrekt gemeldet werden, um im Anschluss den Anspruch auf Arbeitslosengeld erheben zu können. Ein Profi-Saison-Kellner muss mehrere Regeln beachten, nur dann funktioniert das Geschäft. Dass es nicht immer einfach ist mit diesen Meldungen beim Amt zu leben, davon kann ich ein Liedchen singen. Doch das sind nun mal die Regeln des Gesetzgebers und wenn alles richtig durchgeführt wird, funktioniert es über die Saison ganz gut.

Dauert ein Fest unter sechs Wochen, gilt die Regelung, dass man sich nicht erneut arbeitslos melden muss. Wenn man unter sechs Wochen am Stück arbeitet, muss man sich nicht zwischendurch persönlich arbeitslos melden, auch bei zwei, drei Tagen Pause dazwischen. Wenn man aber ein Fest been-

det hat und das nächste erst in sechs Wochen und einem Tag beginnt, muss man zur Agentur für Arbeit und sich arbeitslos melden. Diese verkürzte Anwartschaftszeit gilt aktuell bis zu zehn Wochen in der Saisongastronomie.
Bei Krankheit am letzten Tag ist man zwar vier Wochen beim Arbeitgeber nachversichert, muss sich aber persönlich arbeitslos melden und bei Genesung wieder persönlich melden, damit man wieder arbeitssuchend gemeldet ist.

Minijob-Basis

Dann sind Sie aber keine Profi-Kellner. Das bedeutet, dass Sie auf einen Betrag hin nur eine bestimmte Stundenanzahl pro Woche kellnern dürfen. Für genauere Angaben fragen Sie bitte beim Steuerberater nach. Der Arbeitgeber versichert Sie bei der Bundesknappschaft.
Zu Ich-AG-Zeiten konnten sich die Betreiber die Leute bequem aussuchen, doch die Zeiten haben sich geändert. Mittlerweile ist jeder froh, wenn er gute, zuverlässige Beschäftigte bekommt. Mit den Auflagen heutzutage haben es die Betreiber nicht leicht. Aus meiner langjährigen Erfahrung heraus beziehen großzügig geschätzt bloß 20% – 20 von 100 Kellnern – die genannten Ansprüche der Agentur für Arbeit. Die wirkliche Ziffer liegt wahrscheinlich bei nicht mal 15%. Das Ungewisse, das Unwissen darüber und die Unsicherheit, es nicht richtig zu erledigen, schreckt viele von Beginn an ab.
Ich habe die Erfahrung gemacht, dass die Mitarbeiter der Agentur für Arbeit teilweise nicht über die Saisonregelung in Bierzelten informiert sind und dadurch fehlerhafte Auskünfte geben. Sie sagen einfach, der Herr Soundso hätte keinen Anspruch auf Arbeitslosengeld. Daher ist es sehr wichtig, dass Sie das Gesetz zumindest so gut kennen, wie die Beschäftigten dort. Sonst erhalten Sie überhaupt keinen Anspruch und wissen nicht wohin. Alles schon erlebt. Ein gutes Geschäft für die Agentur, für uns Kellner essentiell für die Überbrückungszeit.
Wichtig: Bleiben Sie auf dem neuesten Stand und informieren Sie sich regelmäßig, arbeitsrechtliche Regelungen können sich von Jahr zu Jahr ändern.

Selbstständiger Kellner auf Gewerbeschein

In manchen Bundesländern ist die Beschäftigung als Kleinunternehmer auf selbstständiger Basis Gang und Gäbe. Auch in Bayern können Kellner auf diese Art und Weise arbeiten, die Geschichte hat jedoch einen Haken: Die Gefahr der Scheinselbstständigkeit. Das heißt, jemand gibt an selbstständig zu arbeiten und arbeitet aber nur für einen Auftraggeber, er ist also gar nicht selbstständig im arbeitsrechtlichen Sinn. Ich selber habe einen Gewerbeschein für Event-Gastronomie. Diesen bekommen Sie ohne Probleme bei der Stadt gegen eine geringe Gebühr. Vor Jahren war das eine Mode unter den Festwirten. Für die Berufsgenossenschaft und das Finanzamt ist der Gewerbeschein nicht so kontrollierbar und die Berufsgenossenschaft zahlt nicht bei Unfällen, also ein großes Problem. Heutzutage meldet man sich als Kellner meist ganz normal auf Lohnsteuerkarte an. Für Kellner, die noch andere Tätigkeiten als Kleinunternehmer ausführen, ist der Gewerbeschein wiederum praktisch, da sich die Tätigkeiten nach Belieben erweitern lassen.
Infos zur Sozialversicherung für Selbstständige finden Sie im vorhergehenden Kapitel.

Ausblick

Früher, vor der Hartz IV Ära, war das Arbeits- und Urlaubswesen für Profi-Kellner einfacher zu durchschauen. Früher wusste man: „Ich mach meine Tour, dann kann ich mich abmelden und nach der Saison reisen." Heutzutage verkomplizieren das die unterschiedlichsten Regelungen. Es lohnt sich jedoch, sich damit auseinanderzusetzen. Sie werden selbstbestimmter, lernen mit Hindernissen umzugehen, werden abgehärteter und können Ihr Arbeitswesen selbst verwalten. Letztlich verbringen Sie viele Stunden im Büro und müssen ständig Ihre Arbeitstage durchrechnen. Doch möglicherweise werden die Bestimmungen eines Tages wieder einfacher. Man weiß nie, was im Leben kommt.
Die Verteilung von Jobs auf Volksfesten hat sich verändert. Vor einigen Jahren noch erfuhr man von freien Stellen hauptsächlich durch Verwandte und Freunde. Doch mittlerweile

werden Leerstellen auch im Internet in sozialen Netzwerken geteilt. So können sich alle Interessierten auf die Kellner- oder Bedienungsstelle bewerben. Außerdem existiert eine Kellner- und Bedienungen-Homepage, auf der Sie sich anmelden können. Aus meiner Erfahrung heraus, läuft es jedoch stets am besten, wenn Sie sich persönlich durch Kontakte um einen Job bemühen.

Achtung: Auf großen Festen gibt es vom Betreiber einen Arbeitsvertrag, da steht manchmal diese Konventionalstrafe von 250 Euro bei nicht Erscheinen oder Vertragsbruch. Ich kann aus meiner Erfahrung nur sagen, dass die Wirte kaum Gebrauch von diesem Vertrag machen, da sie genau über die Konsequenzen Bescheid wissen. Wer möchte bei so einem Zeltbetreiber schon arbeiten? Ich halte solche Verträge für überflüssig, denn unser Geschäft basiert auf einem sozialen Netzwerk: Jede Bedienung kann zwei neue Leute bringen und tut dies in der Regel auch für die Betreiber und das Team. Ein gutes, vertrauensvolles Verhältnis ist daher im Sinne aller Beteiligten.

Ganz Deutschland feiert – ein persönlicher Volksfestführer

Kirchweih, Kuh-Bingo und andere Traditionen in Mode

„Ein Leben ohne Feste ist wie ein weiter Weg ohne Gasthäuser."
Werner Finck

Ein Volksfest ist nicht bloß ein Fest für Jung und Alt, Volksfeste haben eine eindrucksvolle Geschichte und sind Teil deutscher Kulturgeschichte. Sie bieten Gästen von nah und fern Gastlichkeit und Gemütlichkeit und erzählen von festlichen Traditionen und Bräuchen. Sei es auf Großveranstaltungen wie dem Oktoberfest oder ganz kleinen Festen, wie Schützen-, Bürger-, Paten- oder Feuerwehrfesten. Jedes Fest hat seinen eigenen Charakter. In Franken haben die einzelnen Stadtteile der Städte eigene Kirchweihen, kleine Volksfeste. Denn zu früheren Zeiten weihten die Bewohner eines Dorfes zum Fest eine Kirche. Darin liegt der ursprüngliche Brauch einer Kirchweih. Dort sprechen die Einheimischen von der Kärwa. Weiter südlich in Bayern werden diese Feste Dult genannt und im Norden Deutschlands heißen sie Kirmes. Das Wort Dult stammt von der so genannten Indult, das bedeutete eine Erlaubnis für einen Markt zu haben.

Die Kirchweih

*„Kärwa ist kumma.
Die Kärwa ist do.
Die Alten die brumma.
Die Jungen san froh."*
lebensfroher Spruch aus Franken

Die kleine Schwester der Volksfeste ist seit je her die Kirchweih. Im Mittelalter begingen Bürger eines Stadtteils oder Dorfes die Kirchweih als religiöses Fest. Wie es der Name verlauten lässt, feierten sie damit die Weihe eines christlichen Kirchengebäudes oder den Patronatstag der Kirche. Wenn heutzutage einmal im Jahr Kirchweih gefeiert wird, denken wohl nicht mehr viele an den eigentlichen Ursprung zurück. Der religiöse Teil der mehrtägigen Feste spielt nur noch eine untergeordnete Rolle, dafür stehen Vergnügungs-

und Trinkmöglichkeiten im multikulturellen Umfeld umso mehr im Vordergrund. An manchen Orten wird eine eigene Kärwa-Zeitung gedruckt, mit Programmpunkten und Erläuterungen. Das Schöne daran ist, dass sich die Tradition der Kirchweihen bis heute gehalten hat und die städteübergreifenden Feste mit ihren jeweiligen Trachten beliebt sind wie eh und je. In diversen Orten ist der Bürgerverein sehr engagiert und leistet respektable Öffentlichkeitsarbeit.

Auf Kirchweihen, zum Beispiel im Knoblauchsland im Nürnberger Land gestalten die im Fränkischen so genannten Kärwaboum und Kärwamadla - junge Männer und Frauen aus der Gegend - das mehrtägige Fest. Einige von ihnen sind von klein auf mit dabei. Sie bereiten die Kärwa vor und feiern mit den Besuchern.

Jeden Tag warten auf die Kärwaboum und Kärwamadla andere Aufgaben. Zu Beginn der Kirchweih stellen die Männer gemeinsam den Baum, den sie vorher zusammen im Wald geschlagen haben auf und schmücken ihn. Am nächsten Tag gibt einen Weckruf an die anderen Teilnehmer. Dann heißt es, den Baum austanzen.

Höhepunkt der Kirchweih ist das so genannte Betzen austanzen, dabei tanzen die Kerwaburschen und Kerwamadl singend um den Baum. Wenn ein Tanzpaar einmal um den Baum getanzt ist, reicht es ein kleines Bäumchen an das hintere Tanzpaar weiter. Nach Ablauf der Zeit klingelt ein Wecker; wer dann das Bäumchen in der Hand hält, gewinnt. Der Gewinn ist ein Schaf, das man Betzen nennt. Die Blaskapelle spielt, es gibt Kaffee und Kuchen, besonders gut schmecken die Küchla, ein fränkisches Schmalzgebäck. Für die gute Laune und die Unterhaltung darf natürlich das Kirchweihbier nicht fehlen und der passende Gesang von Kärwaliedern.

Am letzten Tag begraben die Beteiligten die Kirchweih. Die Halstücher der Jungs und Mädels werden laut Regelung auf Halbmast gehängt und anschließend bewachen sie abwechselnd den Kirchweihbaum bis zum Sonnenaufgang. Vielenorts wird symbolisch ein leeres Fass Bier eingegraben.

Zu erwähnen sind die fränkischen Tanzlindenfeste, bei denen

in herrlichen Trachten um den Baum getanzt wird. Berühmt ist das so genannte Maibaumkraxeln, ein spektakulärer Wettbewerb, bei dem die Teilnehmer möglichst schnell auf die Spitze des Baums klettern.

„Kirchweih heißt, das man die Geselligkeit pflegt."
eine Volksweisheit

Beispiele für das Wort Kirchweih im Dialekt

Kärwa – Kerwas (Fränkisch)
Kerwe – Kirwa – Kirwe – Kirta (Oberpfalz/Oberbayern)
Kirmes – Kermes – Kemess (NRW)
Kerweih – Kirb – Kilb – Kirwi – Kerb – Kilwi (Baden-Württemberg, Saarland)
Dult (Niederbayern)

Kuh-Bingo

Als außergewöhnlicher Brauch ist das Kuh-Bingo auf der Großreuther Kirchweih in Nürnberg zu nennen. Hier wird eine Kuh oder ein Stier in einem kreisförmigen Gehege eingezäunt. In diesem Kreis sind Felder eingezeichnet, von denen sich die Zuschauer eines aussuchen können. Nun geht es darum, Geduld zu haben und abzuwarten, in welches Feld sich die Kuh ihres Geschäftes entledigt. Das kann bis zu einer Stunde dauern. Dann aber gewinnen diejenigen, die auf das richtige Feld gesetzt haben das Preisgeld, das in der Tombola auf seinen Besitzer wartet. Zum Beispiel 500 Euro geteilt durch die Personenzahl mit dem richtigen so genannten Kack-Feld, also dem Feld, in dem die Kuh ihr Geschäft erledigt hat. Kuh-Bingo hat auf der Großreuther Kirchweih schon eine sehr lange Tradition und dient vordergründig der Unterhaltung am Sonntag.

Andere Traditionen

Doch nun zurück zu den Volksfesten allgemein und ihren unzähligen, von Ort zu Ort verschiedenen Traditionen: Die prächtigen Festumzüge am Eröffnungstag gehören dazu (Siehe Kapitel *Wenn die Dirndldamen Fahnen schwenken*).

Neben den Vereinen und Musikanten fahren die Brauereien – wie zum Beispiel die Wiethaler Brauerei im Fränkischen – dort mit ihren urig geschmückten Festwagen mit.
Bräuche und Traditionen sind auf jedem Volksfest anders, nicht selten spielt die geografische Lage eine Rolle: Auf dem Nürnberger Volksfest beispielsweise können Besucher mit Volksfesttalern bezahlen, die einen Wert von einem Euro haben. Zudem gestalten die Betreiber jährlich den Volksfestkrug mit einem neuen Motiv.
Im Nordwesten des Landes hat es Tradition, dass das Bier in kleineren Maßeinheiten ausgeschenkt wird. Hier sind ein halber Liter oder gar 0,3l üblich. Manchmal werden aber ganze Fässer auf den Tisch gestellt (30 bis 50 Liter), so dass die Gäste ihr Bier selbst zapfen können. Das Nord-Süd-Gefälle tritt bei der Einrichtung der Bierzelte selbst zutage. Im Süden sind die Zelte mit Tischen und Bänken ausgestattet, während es im Norden kaum Sitzgelegenheiten gibt und die Gäste eher am Tresen oder an den Bars stehen.
Weitere erheiternde Bräuche zur Unterhaltung sind verschiedene Tierrennen wie Pferde-, Ochsen- oder Eselrennen auf den Tiermärkten rund um ein Volksfest. Zwischen Vereinen oder Nachbargemeinden wird des Öfteren ein Tauzieh-Abend veranstaltet. Wer die Gegnergruppe auf seine Seite zieht, gewinnt und bekommt einen Preis. Traditionell bildet ein großes Feuerwerk den krönenden Abschluss eines Volksfests.
Nach meiner Beobachtung sind die Feste in den letzten Jahren deutlich mehr geworden. Die Festkultur hat sich in den letzten zehn Jahren mehr von den mittleren Festen zu den kleineren auf dem Dorf verlagert. Zwar sind die großen und mittleren Feste geblieben, aber der Trend geht hin zu den kleinen Dorffesten.

Beispiele für weitere Feste

Erntedankfest
Lobfest
Gedenkfest
Frühlingsfest

Deutschlandkarte – willkommen hier, da und dort

Quer durch Deutschland kellnern auf den verschiedensten Festen Saison-Kräfte oder Gelegenheitskräfte, wie z.B. auf der landesweit stattfindenden Landes-oder Bundesgartenschau. Das Feld der Feste verteilt sich über den Jahresverlauf - vom Christkindlesmarkt in der Adventszeit, über ganzjährig stattfindende private Schützen- und Feuerwehrfeste, zu der sommerlichen Bergkirchweih in Franken, über den Cannstatter Wasen in Baden-Württemberg bis hin zum Kölschfest in Nordrhein-Westfalen, wo Gäste zum Beispiel für eine 5-Liter-Tour ihr Bier selbst anzapfen können. Vom größten Volksfest im Norden, dem Bremer Freimarkt, bis zum Aushängeschild im oberbayrischen München, dem Oktoberfest, bieten fast alle Regionen der Bundesrepublik ihre Festivitäten. Auf manchen Festen menschelt es mehr als auf anderen und ebenso wird in einigen Gegenden mehr getanzt, in anderen hauptsächlich getrunken oder die Speisekarte ausprobiert. Gerade in Schwaben wird – so meine Erfahrung – deutlich mehr gegessen als in anderen Regionen.

Jeder Festplatz, jedes Fest hat ein besonderes Flair. Und nein, das Münchner Oktoberfest ist nicht das einzige Fest in Bayern und Bayern ist nicht gleich Deutschland! Es gibt spannende Feste, die viel zu oft im Schatten des großen Bruders stehen. In meiner 20-jährigen Erfahrung habe ich schon auf den allermeisten dieser Volksfeste gekellnert und immer wieder ist es ein einmaliges Erlebnis. Diese ehrliche Kombination aus harter, körperlicher Arbeit, Spaß und Verdienst ist selten auf dem Arbeitsmarkt.

Deutsche Fest-Highlights

Frühjahrsvolksfest in Würzburg

Straubinger Gäubodenvolksfest

Cannstatter Volksfest / Cannstatter Wasen

Gillamoos in Abensberg

Barthelmarkt in Oberstimm (*Ja do muas i hi* ist das berühmte Barthelmarkt-Lied)

Burgfest Hilpoltstein
Annafest Forchheim
Cranger Kirmes
Kulmbacher Bierwoche
Muswiese, Rot am See
Hamburger DOM, das größte Volksfest des Nordens
Düsseldorfer Rheinkirmes
Oktoberfest Mannheim
Kieler Woche
Bocholter Kirmes
Regensburger Dult
Drachenstich, Furth im Wald
Deutsch-Amerikanisches Volksfest Grafenwöhr
Fürther Michaelis-Kirchweih – das größte Straßenfest Bayerns

Als reisender Kellner wurde ich über die Jahre hinweg zu einem Experten für Dialekte. Als Oberpfälzer höre ich nicht nur Unterschiede zwischen Fränkisch, Oberpfälzisch und Bayerisch heraus, sondern erkenne Dialekte, die mir nicht so vertraut sind. Als Kellner müssen Sie stets genau zuhören, wenn Ihr Gast spricht. Denn die Gäste erwarten natürlich, dass ein Kellner versteht, was sie sagen. Wenn ich jemanden schlecht verstehe, sage ich als Trick manchmal, dass er/sie wegen der Akustik und der lauten Musik nicht zu verstehen ist. Hilfe bieten Dialekt Wörterbücher.

Beispiele für das Wort Hähnchen

Hendl – Bayern
Gockel – Bayern
Göggele / Göckele – Schwäbisch
Gickerl – Nieder- und Oberbayern
Giegerl – Fränkisch
Broiler / Breuler – Ostdeutschland
Giggerl – Südbayerisch
Gigala – Fränkisch
Gieger – Fränkisch
Bio Hahn – im Norden

Meine Tour

Ostsee
Nordsee
Deutsche Bucht
Helgoländer Bucht
Ostfriesische Inseln
SCHLESWIG-
HOLSTEIN
Kiel
Fehmarn
Rügen
Rostock
Lübeck
MECKLENBURG-
VORPOMMERN
Schwerin
Hamburg
HAMBURG
Bremerhaven
BREMEN
Bremen
Oldenburg
Ostfriesland
Lüneburger Heide
NIEDERSACHSEN
Hannover
Wolfsburg
Braunschweig
Hildesheim
Salzgitter
Magdeburg
SACHSEN-
ANHALT
Berlin
BERLIN
Potsdam
BRANDENBURG
Uckermark
Havelland
Fläming
Spreewald
Cottbus
Niederlausitz
Osnabrück
Bielefeld
Münster
Münsterland
Teutoburger Wald
NORDRHEIN-
WESTFALEN
Hamm
Paderborn
Recklinghausen
Dortmund
Bottrop
Moers
Duisburg
Essen
Bochum
Witten
Hagen
Düsseldorf
Wuppertal
Neuss
Solingen
Remscheid
Leverkusen
Köln
Bonn
Siegen
Rothaargebirge
Solling
Harz
Göttingen
Kassel
Halle
Leipzig
SACHSEN
Dresden
Chemnitz
Zwickau
Gera
Erzgebirge
THÜRINGEN
Thüringer Wald
HESSEN
Vogelsberg
Westerwald
Koblenz
Eifel
Taunus
Wiesbaden
Frankfurt
Offenbach
Mainz
Darmstadt
Hunsrück
RHEINLAND-PFALZ
SAARLAND
Saarbrücken
Pfälzer Wald
Ludwigshafen
Mannheim
Heidelberg
Odenwald
Spessart
Rhön
Würzburg
Steigerwald
Kulmbach
Fichtelgebirge
Grafenwöhr
Erlangen
Lauf
Hersbruck
Fürth
Nürnberg
Sulzbach-Rosenberg
Freystadt
Roth
Hilpoltstein
Allersberg
Berching
Hemau
Beilngries
Regensburg
Abensberg
Straubing
Furth i.W.
Bad Wimpfen
Rot am See
Heilbronn
Aalen
Karlsruhe
Pforzheim
Stuttgart
BADEN-
WÜRTTEMBERG
Reutlingen
Schwäbische Alb
Ulm
Günzburg
Ingolstadt
BAYERN
Oberstimm
Landshut
Augsburg
Moosburg
München
Schwarzwald
Freiburg
Bayerische Alpen
Obersdorf
Allgäu
Bodensee

„*Alter Wein und junge Weiber, sind die besten Zeitvertreiber.*“
ein Trinkspruch

Das Weinzelt

In Weinregionen mit Volksfesten können Weinliebhaber auf Weinfeste gehen und dort verschiedene Weine probieren. Auf den größeren Volksfesten finden Sie deutschlandweit neben den klassischen Bierzelten ein Weinzelt und ein Café-Zelt. Auf diesen schenken die Wirte Wein, Limo, Wasser und eben Kaffee aus, kein Bier. Schnaps gibt es allerdings in Weinzelten. Diese Zelte dürfen durch eine Sonderregelung der Stadt meist länger offen haben. Eine stimmungsvolle Atmosphäre und gemütliche Einrichtung mit richtigen Tischen und Stühlen machen die Weinzelte attraktiv. Von einem klassischen Bierzelt sollen sie sich unterscheiden, indem sie auf den Charme einer häuslichen Weinstube setzen. Hier können Sie gemütlich Ihren Wein genießen, mit Freunden tratschen und, wenn die Musiker aufspielen, auf dem Parkett ausgelassen tanzen. Wer lieber stehend auf den Bänken wippt oder lauthals schunkelt, ist im klassischen Bierzelt besser aufgehoben.

Manchmal jedoch finden Sie in Bierzelten ausgewiesene Tanzflächen. Auf dem Mainzer Oktoberfest zum Beispiel können Sie direkt vor der Bühne das Tanzbein schwingen und zugleich die Musiker anfeuern oder ihnen zujubeln.

Typische Fragen

Egal wo auf der Welt - ein Garant für ein gelungenes Fest sind natürlich gute Bedienungen. Im Folgenden habe ich Ihnen einen Fragekatalog mit Fragen von Gästen an Kellner zusammengestellt. Während meiner beruflichen Laufbahn sind mir diese Fragen quer durch die Bundesrepublik, auf eigentlich jedem Fest gestellt worden. Ich finde, Sie sollten sich daher unbedingt schon vor Festbeginn eine Antwort darauf zurechtlegen.

Merkkasten Fragen, auf die man eine schnelle Antwort parat haben sollte

„Seid ihr vom Festwirt angestellt oder von der Brauerei?"

„Zieht ihr dann immer mit, mit dem Zelt/Wirt?"

„Ist da noch ein Platz frei?"

„Ist der Tisch reserviert?"

„Wo kann ich rauchen, kann ich im Zelt rauchen?" „Darf ich im Biergarten rauchen (in Bayern)?"

„Gibt es einen Zigarettenautomaten?" „Wo ist der nächste?"

„Einen Aschenbecher bitte." Kellner: „Den Großen, bitte!"

„Ist da Pfand drauf?" (Masskrug, Teller)

„Gibt es auch Halbe?" (Mass) - Kellner: „Des is a Bierzelt und kein Wirtshaus ... Spaß!"

„Wann beginnt die Musik?"

„Was kostet die Mass?"

„Wann ist das Feuerwerk?" „Um wie viel Uhr?"

„Eine Frage bitte..." Kellner: „Eine Frage ist frei, die nächste kostet was!" (Spaß)

„Gibt es hier einen Geldautomaten?"

„Wo gibt es auf dem schnellsten Weg ein Taxi?"

„Macht die Musik schon wieder Pause?" „Wie lange spielen die?" „Die machen aber viel Pause!" „Spielt die Musik noch Zugabe?"

„Gibt es noch ein Bier, nur eins noch, bitte?" (nach Schankschluss) – „Ach komm ey!"

„Ist da ein Handy abgegeben worden?" (Fundsachen im Büro nachfragen)

„Könnt Ihr für Zigaretten wechseln?" (Natürlich ungern, weil das Wechselgeld nie genug ist.)

Das Münchner Oktoberfest – der Kellner-Olymp

Das Oktoberfest und die Atmosphäre auf der Wiesn, so nennt man die Theresienwiese, auf der das größte Volksfest der Welt stattfindet, sind einzigartig. Beim durchschnittlich sechzehntägigen Festmarathon rollt der Rubel, und dennoch ist jeder Euro hier wirklich sehr hart verdient. Bierzeltkellner auf der Wiesn ist ein Job, der nicht für jedermann geeignet ist. Manche nehmen sich Urlaub, um auf der Wiesn zu bedienen, es ist zwar stressig, macht aber Spaß und ganz sicher stimmt das Finanzielle; man genießt eine Art Auszeit vom normalen Alltag. Nach meiner Einschätzung verstärkt sich der Trend zu Heimat und regionaler Verbundenheit – zum dem der Partyboom auf der Wiesn gehört – seit ungefähr zehn Jahren enorm. Dabei geht es aber nicht nur darum, alte Traditionen am Leben zu halten, sondern es entsteht eine ganz neue Festkultur, eine die problemlos Popmusik und Trachten, IPhone und Mass verbindet.

„Wir sind die Oktoberfest-Party-Generation in Dirndl und Lederhosen."
Selbstbild der spaßorientierten Jugend heute

„Auf dass die Wiesn erfolgreich und friedlich verlaufe!" - Das wünschen sich alle Mitarbeiter vor Beginn dieses gigantischen Volksfests. Das Oktoberfest ist das Highlight eines jeden Kellners, was auch ein Klischee ist. Ob Saison-Kellner, Profi oder Nebenjob-Kellner: Auf der Wiesn gibt es gutes Geld, Spaß und Anerkennung. Jeder, der in der Gastronomie als Kellner tätig ist, hat das Ziel einmal auf der Wiesn zu arbeiten. Bei mir war das genauso. Mittlerweile bin ich schon seit Jahren auf der Wiesn als Kellner beschäftigt und weiß, wie der Hase läuft. Im Grunde genommen ist es nichts anderes als auf einem Fest in einer Kleinstadt und doch lässt sich das spezielle Wiesn-Feeling nicht wörtlich erklären. Die Organisation und der Aufwand alleine sind natürlich größer als auf Volksfesten in kleineren Städten, aber es ist nicht nur das. Die Wiesn, das ist das größte Volksfest der Welt, gigantisch! Diese Menschenmengen zu sehen, die Freude mit dabei zu sein, sind unbeschreiblich.

Bevor Sie sich bereits jetzt als Kellner auf dem Fest der Feste sehen: Extreme Belastbarkeit ist hier das A und O, physisch wie psychisch! Wie bei jedem Job gehört zusätzlich Übung dazu, das heißt Erfahrung und Routine. Trinkgeld wiederum werden Sie hier am meisten bekommen; bei der Größenordnung der Wiesn ist das jedoch nicht verwunderlich. Für komplette Neueinsteiger ist die Arbeit auf der Wiesn nicht geeignet. Um als Kellner Fuß zu fassen, empfehle ich Ihnen, zuerst auf kleineren Festen zu kellnern, damit Ihnen die Arbeit auch Freude bereitet.

Drei Wege zur Wiesn

Sie bewerben sich bei mehreren Festwirten. Bedienungen haben ein leichteres Spiel, weil manche Zelte nur weibliche Bedienungen einstellen. Warum? Weil die Wirte vielleicht glauben mit ihnen mehr Umsatz zu machen.

Sie gehen zum Einschreibetag. Zwei Tage vor Beginn der Wiesn gehen Sie zu den Zelten, und wenn jemand nicht kommt oder ausfällt, dann ist das Ihr Glück. Aus meiner Erfahrung muss ich aber sagen, dass dies ein sehr schwieriges Unterfangen ist.

Sie kennen eine Bedienung aus einem Wiesn-Team. Falls jemand krank wird oder irgendwie nicht mehr arbeiten kann, braucht das Team jemanden, dem es vertraut. Auf diese Weise haben Sie gute Chancen dort hineinzukommen. So kam ich letztlich zum Wiesn-Kellnern.

Kellnern auf dem Oktoberfest - perfekt durchdachte Organisation

Wie sieht der Tagesablauf eines Kellners auf der Wiesn aus? Sie fragen sich, wie der ganze Wiesn-Wahnsinn funktioniert?
Zwei Tage bevor die großen Feierlichkeiten beginnen, treffen sich die Kellner und das gesamte Personal im Zelt mit dem Chef zur Besprechung. Darin geht es um die Anmeldung der Kellner, den Dienstplan, die generellen Änderungen zum Vorjahr und die einheitliche Dienstkleidung: Lederhose und Weste oder Dirndl mit Schürze und Halstuch. Bei der Vorbereitung richten wir au-

ßerdem das Zelt schön her und räumen Krüge an den jeweiligen Schänken ein, was Aufgabe der Bedienungen ist.
Am Eröffnungstag öffnen sich gegen 9.00 morgens die Türen der Bierzelte. Diejenigen, die auf die besten Plätze aus sind, strömen ins Zelt. Manche Gäste stürmen auf die Tische zu, schreien rum, wo ihre Freunde bleiben, wir Kellner stehen auf der Seite und schauen erst mal zu. Dabei glauben wir im ersten Moment im falschen Film zu sein. Zu Trinken bekommen die Gäste bis zum Anstich um 12 Uhr mittags aber nur Spezi-Mass oder andere nicht alkoholische Getränke. Pünktlich zum Anstich marschieren die Wiesn Wirte ein, wir Kellner stehen Spalier und zählen von zwölf runter, denn zwölf Böllerschüsse verkünden den Anstich, dann wird in allen Zelten ausgeschenkt.
An den übrigen Tagen bekommen die Erstlinge dann schon ab 10.00 Uhr ihre erste Mass am Tag. Am Samstag und Sonntag sowie an Feiertagen schon ab 9.00 Uhr. Schluss mit der Sauferei ist dann aber täglich 22.30 Uhr. Ausnahmen sind das Weinzelt und die Käfer-Wiesn-Schänke, hier ist erst um 0.30 Uhr Ausschankschluss.
Einige Feierwütige stehen schon um fünf, sechs oder sieben Uhr morgens am Eingang Schlange und warten auf den Einlass und am Wochenende sind manche sogar noch eher da, als gebe es drinnen im Zelt was umsonst. Der reinste Wahnsinn. Wie viele Leute sich vor den Zelten drängeln, bestimmen mehrere Faktoren: das Bierzelt mit seiner individuellen Musik und Stimmung, das Bier selbst, die Freunde.

„Unser letzter Wille, 6,1 Promille."
ein Trinkspruch

Von den Besuchern des Oktoberfests kommt ein Großteil von außerhalb, aus ganz Europa oder den USA und Asien. Die internationalen Besucher reisen die Nacht über an und checken in den umliegenden Hotels ein. Da muss man gut drauf sein, um das abend- und nachtfüllende Vergnügen genießen zu können. Beim Einlass darf man noch nicht zu betrunken sein, damit man reindarf.
Punkt 12 Uhr mittags setzt dann die Musik ein, am Wochenende schon um 11 Uhr. Mit einem Trommelschlag stehen alle auf den Bänken, das ganze Zelt zusammen, gespannt warten alle auf den Einsatz der Musik - und dann geht's erst richtig los.

Die ganze Welt feiert mit. Das Oktoberfest Feeling überträgt sich auf alle Gäste und alle singen und tanzen und feiern in Lederhosen und Dirndl. Gerade die Trachtenmode wird immer mehr angenommen und hat sich zu einem regelrechten Boom entwickelt. Wer als Gast seine Mass auf ex austrinkt, bekommt großen Applaus von den Gästen. Oder ein lautes Buh, wenn man die Mass nicht ganz schafft. Aber eigentlich trinken nur die Gäste ihre Mass auf ex, die sich sicher sind, dass Sie ihr Bier in einem Zug austrinken können.

In einem der Zelte können die Gäste sogar ein besonderes Musikerlebnis genießen: eine Drehbühne in der Mitte. Diese dreht sich von Zeit zu Zeit um ihre eigene Achse, so dass alle Besucher die Möglichkeit haben, Musiker und Sound zu sehen und zu hören.

Die Türen der Festzelte sind nur wenige Stunden komplett offen und werden manchmal wegen Überfüllung bereits vor Mittag geschlossen. Das ist von Zelt zu Zelt verschieden. Einige schließen bereits vor 12 Uhr, bei anderen geht die Tür kurz nach Mittag zu, das ist besonders an den besucherstärksten Tagen wie Donnerstag, Freitag und Samstag oder an Feiertagen so. Dann beschweren sich Gäste über diesen Schmarrn, aber wir Kellner kennen uns aus: Schon ab Mittag komme ich oft kaum durch mit meiner Mass und meinem Schlitten. Das Sicherheitspersonal würde das Zelt auf Anweisung des Geschäftsführers nicht schließen, wenn es nicht wirklich so voll wäre. Die Security-Leute machen mir, dem Kellner, meist den Weg frei, oder bilden einen Kellner-Gang. Sie gehen voraus, wenn ich mit meinem vollbeladenen Schlitten komme und so kann ich das Essen besser austragen. Bei dem Gedränge ist das den ganzen Tag über normal so – Sie brauchen eine Engelsgeduld.

Vorsicht: Es wird auch vom Schlitten geklaut!

Ausrufe für einen freien Weg

„Nicht stehn bleiben, bitte weiter gehen!"

„Vorsicht bitte!"

„Achtung!"

„Obacht!"

„Sorry!"

„Excuse me!"

Wie schafft man es, mit dem vollen Schlitten, Essen durch die Menschenmassen zu befördern und alle Essen an den Tisch zu bringen? Sie müssen unbedingt sehr konzentriert gehen und den Leuten mit dem Blick signalisieren auf die Seite zu gehen. Sie können die Leute kurz auf der Schulter antippen.

Wir, die Kellner, Küche und der Ausschank, frühstücken jeden Tag ausreichend und gut, sodass wir den Tag über schon aushalten. Außerdem ist zwischen den Stoßzeiten ein bisschen Zeit, um kurz abzuschalten, Pause zu machen oder was zu essen. Natürlich ist es besonders wichtig viel Wasser zu trinken, damit Sie nicht dehydrieren und umkippen.

Natürlich hat der Job auf der Wiesn seine guten Seiten, sonst würde es keiner machen, wenn der Spaß und der Mehrwert ganz auf der Strecke blieben. Das Oktoberfest ist ein Knochenjob mit Herz und Seele. Die überdurchschnittlichen Verdienstaussichten reichen nicht als Motivation. Nachts um halb elf hört die Musik im Bierzelt auf zu spielen. Erst wenn alle Gäste das Zelt verlassen haben, heißt es für uns schnell ins Bett. An den darauffolgenden Morgen sieht der so genannte Kotzhügel - eine hügelige Rasenfläche am Festplatz - wüst aus, da einige Besucher es nicht bis nach Hause schaffen und am Hang ihren Rausch ausschlafen.

Der Oberkellner und das Team

Jedes Zelt hat einen Oberkellner oder Geschäftsführer, der die Führungsposition inne hat. Weibliche Oberkellner werden auch Erste Bedienung genannt, sie sind an der Kellner-Nummer 1 auf ihrer Bluse erkennbar. Der Oberkellner rekrutiert seine Kellner und Bedienungen in der Regel selbst, in Absprache mit dem Festwirt. Das bedeutet, er fungiert als Personalchef. Der Oberkellner kennt seine Leute am besten. Wie ein Fest abläuft, hängt daher damit zusammen, wie gut seine Servicekräfte zusammenarbeiten. Sie sind das Aushängeschild des Festwirtes. Als Bedienung arbeiten Sie im Team – in meinem Team sind wir sogar zu fünft, was ganz gut funktioniert. Es gibt auch zweier, dreier, vierer oder sechser Teams. Die Teamkollegen vertreten einen Kellner in den Pausen, sie bilden eine Art Schichtsystem, denn wir dürfen seit 2015 nicht mehr als zehn Stunden am Tag arbeiten. Eine/r im Team ist für die Getränke zuständig, ein anderer für das Essen, das ist das System. Gäste wundern sich, warum nicht alle Kellner die Bestellungen aufnehmen können, leider nimmt das zu viel Zeit in Anspruch und jedes Team hat seine genauen Abläufe. Alle im Team kümmern sich um ihre Tische. Das sind in der Regel drei bis vier Tische pro Mann. Das mag wenig klingen, aber glauben Sie mir, da müssen Sie genug rotieren.

Als Essenskellner können Sie bei der Speisenzusammenstellung in einige Fallen tappen, die sich im Unmut der Gäste äußern. Hier ist es wichtig, dass Sie über die Zubereitungszeit der unterschiedlichen Speisen Bescheid wissen. Eine Suppe geht schneller als ein Braten mit Kloß und Salat? - Dies sehen die Gäste ein. Sei es aber, dass ein Essen länger braucht, weil alle es wegen des günstigen Preises bestellen, so ist dies nicht unbedingt für die Gäste ersichtlich. Wenn Sie also Gerichte servieren, die später bestellt wurden als die der ersten Gruppe, können Sie mit Beschwerden rechnen. Daher stets die Küche mit deren System im Blick haben. Erklären Sie den Gästen eventuelle Verzögerungen, so bewahren Sie die gute Gast-Kellner-Beziehung. Halten Sie einen harmonischen Kontakt mit Gast und Küche aufrecht, das wird Ihnen Erfolg bringen. Mit der Erfahrung als Kellner wächst Ihre Menschenkenntnis. So schätzen Sie die Gäste leichter ein, ob diese warten können oder eher ungeduldigen Gemüts sind. Koordination, Organisation und psychologisches Geschick sind des Essenskellners Leitworte. Diese Bedienung weiß, was sie tut. Ein Wiesn-Koller ist nach 1,5 Wochen ganz normal. Jeden Tag spürt man die letzte Arbeitsstunde ein wenig mehr, die letzten Kräfte werden mobilisiert. Da gibt es nur eine Möglichkeit: Sie müssen durchhalten. Nach der Wiesn ist jeder erschöpft und mindestens ein bisschen verschnupft. Die Füße tun weh, die Hände auch, das ist normal - aber schön war es.

Mein Tipp:
Denken Sie sich Ihren Weg durch die Gänge frei. Die Macht der Gedanken bestärkt Sie.

Die Oide Wiesn

Der Eintritt auf der Wiesn ist kostenlos, nicht aber auf der Oiden Wiesn (Alte Wiesn): Auf der Alten Wiesn müssen Besucher für den Tag Eintritt zahlen. Zur Zeit sind das 3 Euro pro Tag. Zu erreichen ist die Oide Wiesn über das Oktoberfestgelände. Hier haben Sie neben Speis und Trank, Programm für Kinder wie Ponyreiten oder Karussell fahren. Die Oide Wiesn ist daher geeignet für Familien und Kinder.
Das Besondere dabei ist, dass die Fahrgeschäfte und sonstigen Sehenswürdigkeiten Gerätschaften von früher sind. Auf der Oiden Wiesn können Sie Nostalgieluft schnuppern. Sie sehen alte Konzertnotenorgeln, frühere Kirmes Orgeln, genießen alte Filmvorführungen und unter anderem das Herzkasperl Zelt - ein Erlebniszelt, in dem bekannte bayrische Gruppen auftreten. Für Kinder, Zeitwandler und Interessierte lohnt sich ein Besuch auf jeden Fall. Hier wird auf dem Tanzboden wie früher getanzt.

Reservierungen

Reservierungen nimmt das zuständige Reservierungsbüro entgegen. Ansprechpartner für die Gäste sollte jedoch stets der jeweilige Service-Kellner sein. Mit ihm/ihr bitte noch einmal die Sitzplätze besprechen, bevor man sich setzt. Bei uns ist das Zelt gewöhnlich zweimal am Tag ausreserviert. Die Reservierungen erleichtern uns das Arbeiten und verhindern Diskussionen, die Gäste wissen genau, wie viel Zeit sie haben und wir können anschließend wieder gut eindecken. Reservierungen

"Herr Ober, kann man die auch Mass mit EC-Karte zahlen?"
Ich: „Nein die Damen, nur Bares ist Wahres!"

sind de facto kostenlos. Im Internet jedoch werden manchmal Tischplätze für 500 Euro und mehr angeboten, ein gesamter Tisch für mehrere Tausend. Wir Kellner sind stets dazu angehalten, solch schwarze Schafe zu finden und zu melden. Bei großen Reservierungen kann man auf der Wiesn im Büro des Festwirts mit Kreditkarte zahlen. Im Außenbereich dagegen besteht normalerweise freie Platzwahl. Verzehrgutscheine von 25 bis 85 Euro müssen natürlich entsprechend bezahlt werden.

„Freunde verspäten sich. Mit den Jacken Tische reservieren geht aber nicht."
eine Zeltregel

Organisatorisches und Zahlen

An dieser Stelle Organisatorisches und Zahlen, ohne die geht es nicht: Die magische zehn Euro Grenze für eine Mass wurde 2014 überschritten. Heute kostet die Mass Bier etwas über 10 Euro, mit und ohne Alkohol.

Etwas teurer ist in manchen Wiesnzelten das Radler zum selber mischen: Aus Zeitgründen gibt es nur eine Mass Bier und ein Zitronenlimo extra zu kaufen. Für uns Kellner spart das Zeit und ist lukrativ. Zum Essen gibt es von Montag bis Freitag ein Mittagsschmankerl zu einem günstigeren Preis.

Das zweite Wochenende ist das am meisten besuchte Wochenende, das geliebte und gefürchtete, das so genannte Italiener-Wochenende. Reisebusse mit italienischen Gästen haben diesem Wochenende seinen Namen gegeben - da kommt jeder an seine Grenzen.

Das Oktoberfest als eigene Welt spielt bei der Beschäftigtenzahl in einer eigenen Größenordnung. Ungefähr 1.500 bis 1.600 Bedienungen gibt es auf dem größten Volksfest der Welt, dem Oktoberfest. In einem Zelt sind, je nach Zeltgröße, circa 220 bis 260 Bedienungen angestellt. Das Zelt in dem ich arbeite kann knapp 10.000 Menschen fassen. Küche, Reinigungskräfte und Büro stellen insgesamt 450 bis 500 Mitarbeiter, und beim Sicherheitspersonal werden weitere circa 100 Personen gestellt.

Da nun Zahlen stets im Kontext besonders gut wirken, möchte ich zum Vergleich das Straubinger Gäubodenvolksfest heranziehen, ähnlich ist es auf der Cannstatter Wasen und der Regensburger Dult: Dort arbeiten ungefähr 70 bis 90 Bedienungen in einem Zelt mit 3.000 bis 5.000 Mann. Auf den kleinen

Kirchweihen sind gar bloß fünf bis zehn Bedienungen zu finden, in Zelten für bis zu 1.500 Besucher.

Die Aufbauzeit für das Oktoberfest beträgt drei Monate, die Abbauzeit zwei Monate. Bei so vielen freien Stellen können Sie sich vorstellen, dass das Kellner der Nachbarländer anzieht. Insbesondere Österreicher, Tschechen und Südtiroler bedienen des guten Geldes wegen auf den großen deutschen Festen. Es gibt vierzehn große Zelte und 20 mittlere und kleinere Zelte sowie Hütten.

Oktoberfest Eigenarten

1. An jedem Eingang spielt ein Drehorgelspieler seine Liedchen, das gehört einfach dazu.
2. Es passiert schon mal zu späterer Stunde, dass sich einer unterm Tisch in den Masskrug entleert. Da ist Vorsicht geboten! Handschuhe sind hier sinnvoll.
3. Nachts, wenn wir nach Hause gehen, sehen wir gelegentlich irgendwelche Liebesspielchen, daran gewöhnt man sich besser gleich.
4. Wenn nachts die Füße schmerzen oder das mit dem Laufen nicht mehr so gut funktioniert, stehen in allen Leuchtfarben Rikschas (Fahrradtaxi) bereit, um die Besucher mit Musikbeschallung zur U-Bahn oder nach Hause zu bringen.
5. Auf-Ex-Trinken ist ein riesiges Thema. Gäste wurden zeitweise darauf hingewiesen, dass dies nicht der alleinige Sinn und Zweck eines Wiesn Besuchs ist. Das Motto lautete: „Mach dich nicht zum Affen". Die Schilder sind mittlerweile wieder verschwunden. Den Kotzhügel gibt es noch.
6. Es gilt Rauchverbot in den Zelten. Raucherbalkone bei Reservierungen oder Raucherzonen draußen sind möglich. Vorsicht aber, wenn man einmal draußen ist, kann es sein, dass man in ein volles Zelt nicht mehr reingelassen wird. Inoffiziell wird auf den Toiletten geraucht.
7. Wiesn–Tipp für alle Besucher: Einfach früh da sein!

„Sucht oder Flucht? Einmal Wiesn, immer Wiesn - Wiesn forever!"
Wiesnmotto

Das Oktoberfest ist das Fest der Feste, legendär und weltbekannt. Es ist ein Exportfaktor ersten Grades und macht Deutschland zum Volksfestland Nummer eins in der Welt.

Nicht selten werde ich auf den Oktoberfesten in anderen Städten gefragt, ob ich denn auf dem Originalfest in München kellnere, damit steigt gleich die Achtung bei den Gästen.
Man nennt die Wiesn ein Wohlfühl-Event und eine Zusammengehörigkeitsgefühl-Feiermarathon-Energiewelle. Für uns Kellner ist sie vor allem ein Slalom-Marathon, weil die Zelte rappelvoll sind. Das Oktoberfest ist ein Touristenmagnet. Aufgrund der internationalen Gäste sind Kellner, die Englisch sprechen gefragt. Kultige Wiesnhits beherrschen die Charts und das unverwechselbare bayerische Flair erinnert ein bisschen an Fasching. Jeder läuft rum, wie er möchte; in nationalen Trachten, etwa Besucher aus Schottland in Schottenröcken. Ein Trend sind Wiesn-Bedienungen, die mit dem Roller zur Arbeit über den Platz fahren.
Der beste Moment für die Bedienungen auf der Wiesn ist, wenn alle Kellner am letzten Abend auf den Tischen stehen. Da darf man es, sonst nicht. Wunderkerzen brennen, die Band lässt sentimentale Musik erklingen, die Bedienungen schreien, weinen, feiern und die gesamte Last fällt von den Schultern - eine gigantische Gänsehaut-Atmosphäre - wow es ist vorbei, das letzte Lied... geschafft!

Regeln für Kellner

1. Wenn man beschimpft wird, gibt es zwei Optionen: Entweder ignorieren oder zurückkontern.
2. Wer betrunken ist und mit dem Kopf auf dem Tisch schläft, wird von der Security hinaus an die frische Luft befördert, nicht vom Kellner.
3. Manchmal kommt ein Fernsehteam vorbei und möchte uns bemitleiden. Da sollte man aufpassen, was man sagt.
4. Bestechungsversuche: Auf der Wiesn bekommt man schnell eine Telefonnummer in die Hand gedrückt, da viele meinen somit ins volle Zelt zu kommen. Darauf darf man natürlich nicht eingehen!

„Hier bin ich Mensch, hier darf ich's sein."
Johann Wolfgang von Goethe

Das Gäubodenvolksfest in Straubing

Vor über zehn Jahren war ich das erste Mal Kellner auf dem Straubinger Gäubodenvolksfest. Schon damals, zu Beginn der Jahrtausendwende, waren sehr viele Gäste in Trachten gekleidet. Wo ich hinsah, kamen mir Dirndl und Lederhosen entgegen. In solch einer Fülle hatte ich das zuvor noch nicht erlebt. Das Gäubodenvolksfest hat eben Tradition in Straubing und das merkte man. Die Kleider und Hosen wirkten authentisch an ihren Trägern, die Frauen und Männer versprühten eine wunderbare Gemütlichkeit.

Heutzutage zählt das Gäubodenvolksfest zu den größten Volksfesten Süddeutschlands. In Bayern ist es nach dem Oktoberfest sogar das zweitstärkste hinsichtlich der Besucherzahlen und in Süddeutschland das drittgrößte. Ein Grund dafür ist natürlich die damit verbundene Ostbayernschau, eine landwirtschaftliche Ausstellung. Auf dem Festplatz in Straubing stehen unglaublich viele Festzelte für die relativ kleine Stadt.

An mein erstes Mal in Straubing kann ich mich noch sehr gut erinnern. Es war ein heißer Sommer, wir hatten hart gearbeitet, denn auf dem Straubinger Volksfest herrscht stets reger Betrieb und so hatten wir stark geschwitzt. Da bin ich nachts nach der Arbeit zu einem See gefahren. Es war eine klare, windstille Nacht und der See war ganz ruhig. Nach der Anstrengung am Tag hatte ich diese Abkühlung und Erfrischung gebraucht. Anschließend bin ich zu meiner Übernachtungsstelle, einem Freund und Kollegen in Straubing.

Als Kellner oder weibliche Bedienung müssen Sie auf dem Gäubodenfest schon etwas aushalten können. Ich erlebe aber sehr viel und lerne laufend neue Leute kennen. Trotz Stress werden Sie so jede Menge Spaß haben, das garantiere ich.

Cannstatter Wasen in Stuttgart

Uffm Wasa, so nennt der Schwabe diesen Höhepunkt regionaler Festkultur. Das Volksfest auf dem Cannstatter Wasen ist das zweitgrößte in Süddeutschland. Eine Platzbesonderheit sind die schöne Fruchtsäule und der große Krämermarkt. Ich habe neun Jahre als Kellner bei den Schwaben gearbeitet. Es heißt, die Schwaben sind ein bisschen geiziger. Das stimmt schon, aber auf einem so großen Volksfest sind wiederum Menschen aus aller Welt vertreten, so dass man so eine pauschale Aussage nicht mehr machen sollte.

Der Wasen in Stuttgart hat etwas Besonderes. Der Volksfestplatz ist sehr schön geschmückt und aufgeteilt. Dieses Fest hat eben einen eigenen Charakter. An die Wiesn kommt's nicht ganz hin, was das Trinkgeld und das Oktoberfestfeeling betrifft, ist aber dennoch ein sehr schönes Volksfest.

„Alles versoffen und nix verschenkt, das ist das beste Testament. Prost!“

ein Trinkspruch

Das Schöne für die Mitarbeiter an diesem Fest ist, dass es direkt daneben einen Campingplatz gibt. Hier schlafen viele während des Volksfests. Man geht raus aus dem Zelt und ist in zwei Minuten am Platz und andersrum gilt das genauso. Das bedeutet, dass Sie als Kellner Leerzeiten und kurze Pausen sehr gut nutzen können, gerade wenn Sie im Team arbeiten. Obwohl der Campingplatz neben dem Festplatz liegt, hört man hier von all dem Lärm und Trubel nicht viel. Abschalten und entspannen funktioniert super auf dem Campingplatz und dennoch ist man schnell wieder am Arbeitsplatz, wenn Not am Mann ist. Eine wunderbare Sache! Quasi Urlaubsfeeling pur für Kellner. Besonders für die Gäste des Wasen: die Mitfeierzentrale. Hier können Besucher nur ein oder zwei Plätze an einem Tisch reservieren. Clever gemacht und das Miteinanderfeiern wird gefördert.

Nockherberg in München

Ein Starkbierfest vom Feinsten. Das größte und bekannteste seiner Art und das im traditionsreichen Bayern, der Salvatorausschank in München am Paulaner Berg. Auf dem Nockherberg wird dann das Bockbier ausgeschenkt. Das siebzehntägige Fest wird mit dem sogenannten Politikerderbleckn, der Salvator-Probe eröffnet.

Die dortigen Gäste machen keinen Unterschied zwischen diesem und normalem Festbier. Erstaunlich! Manche können sogar noch nach zehn Mass Starkbier eine Bühnenrede halten. Ein bisschen wortesuchend zwar, aber inhaltlich sehr gut. Allerdings empfehle ich es nicht nachzumachen! Da das Fest durch Funk und Fernsehen verbreitet wurde, finden sich hier immer wieder Politiker ein. Das verspricht wiederum ein gutes Geschäft für Kellner und Bedienungen.

Dult in Regensburg

Ein sehr gut besuchtes Volksfest ist selbstverständlich die Dult in Regensburg. Dort habe ich mehrmals als Kellner gearbeitet. Ich kann Ihnen sagen: die Oberpfälzer Gelassenheit bekommen Sie in Regensburg zu spüren, fröhliche Gemütlichkeit. Die Regensburger feiern ihre Dult wie früher, mit einem großen Kramermarkt am Platz. Die Dult findet im Frühling und im Herbst statt. Die Mai-Dult ist bei Kellnern sehr beliebt, da sie hier noch Platz im Kalender haben und dieses Fest sehr gut besucht und lukrativ ist.

Juravolksfest in Neumarkt in der Oberpfalz

Das Juravolksfest darf hier nicht fehlen. Für die Besucher aus dem großen Landkreis der Kreisstadt Neumarkt i.d.OPf. hat dieses Volksfest zwei schöne Jurahallen statt eines Bierzelts zu bieten. Das ist wirklich außergewöhnlich. Am letzten Montag findet auf dem Festgelände außerdem die beliebte Pferde- und Fohlenschau statt. Der prachtvolle Festumzug muss unbedingt genannt werden. Das ist wirklich eine Sensation.

Warum ist dieses Fest auch bei auswärtigen Kellnern so beliebt? Die Kellner servieren nur Getränke, kein Essen – und alle Gäste wissen das. Unter nebenberuflichen Kellnern ist dieses Fest daher sehr gefragt, da der Arbeitsaufwand geringer ist.

Bergkirchweih in Erlangen

Die Erlanger Bergkirchweih ist ein Fest für sich, unglaublich. Die ganze Welt trifft sich in Erlangen bei der Kirchweih, kurz „der Berg“ genannt, und feiert zusammen. Vom Feeling her ist es wie früher, da vieles in Felsenkellern stattfindet. Natürlich gibt es Außenplätze, aber die festen Bierstätten sind Keller. Da schmeckt das Bier der Erlanger Traditionsbrauerei Kitzmann besonders gut. Am Berg zwischen den alten Bäumen hat es eine idyllische Seite, wenn's nur nicht so laut wäre. Wenn die Bäume reden könnten, sie hätten sicher eine Menge zu erzählen. Auf den Kellern, zwischen den Bäumen spielt die Musik, hier treten die Bands und Volksmusikgruppen auf. Das ist ein besonderer Ort für die Musiker. Für die Schausteller ist der Berg allemal ein besonderes Ereignis, am Berg ein Volksfest zu haben und seine Buden aufzubauen, hat man nicht alle Tage. Ein außergewöhnliches Fest an einem wunderschönen Ort.

Für mich als Kellner, fünf Jahre war ich dort, hat der Berg eine lukrative und eine stressige Seite. Auf dem Fest verdient man gut, dafür muss man aber laufen. Insbesondere weil ich hier stets den Berg hoch, dann wieder hinunter muss und dabei möglichst viel trage. Die Arbeit hier ist körperlich sehr anstrengend.

„Der Berg ruft!“

Volksmund

„Wir wollen noch einen verlöten. Vielleicht sind wir morgen schon flöten. Darum trinken wir noch einen auf den Durst, denn was morgen ist, das ist uns alles wurscht. Schiebala, schiebala schiebala, firallala!“

Fränkischer Trinkspruch

„Hätt der Adam (Pyraser) Bier besessen, hätt er nie den Apfel gefressen."
Hilpoltsteiner Trinkspruch

Burgfest in Hilpoltstein

Vier Tage lang steht Hilpoltstein im August im Zeichen des Burgfests. Neben dem Hauptfestplatz, auf dem sowohl das große Zelt als auch die Fahrgeschäfte stehen, sind die Straßen rundherum von Ständen und Bühnen gesäumt. Außergewöhnlich und prägnant. Am Kirchweihmontag ist dabei annähernd so viel los wie auf der Wiesn, relativ gesehen. Um sieben Uhr früh geht's los, die Leute strömen ins Zelt, schmeißen sich auf die Bänke und versuchen so die besten Plätze zu ergattern. Diese Menschenmasse erinnert an eine durstige Kuhherde, die zum Wasser möchte. Innerhalb von wenigen Minuten ist hier das Zelt voll. Auch in Oberstimm bei Ingolstadt tritt dieses außergewöhnliche Phänomen auf, dass die Besucher wie eine Herde zum Zelt strömen. Jeder Kellner weiß, dass dies der umsatzstärkste Tag ist, der es in sich hat.

Die Pyraser Landbrauerei hat hier ihren Sitz und liefert das Festbier. Im Jahr 1927 war der Brauerei- und Gutsbesitzer Georg Bernreuther bereits eines der Gründungsmitglieder des ersten Hilpoltsteiner Burgfestes. Seitdem ist die familiengeführte Pyraser Landbrauerei als „Bräu" jährlich ein fester Bestandteil dieser vier ausgelassenen Tage und braut eigens dafür das Original Hilpoltsteiner Burgfestbier.

Pyraser

Mainzer Oktoberfest

Als Kellner durfte ich auf dem allerersten Mainzer Oktoberfest sein, das war vor zehn Jahren. Das Fest findet im Oktober nach der Wiesn statt. Wenn Sie also mal einen Volksfestplan erstellen, können Sie von München aus direkt hoch nach Mainz.

Das Besondere gegenüber bayerischen Volksfesten ist, dass in Bierzelten auf einer extra Tanzfläche, wie in Diskotheken, getanzt wird. In Bayern können Sie das nur in den Weinzelten. Außerdem gibt es für die Gäste mit weniger Durst kleine Biere. Das ist natürlich eine besucherfreundliche Sache.

Das Oktoberfest Mannheim

Ein so liebevoll geführtes Fest ist heute leider selten geworden. Hier erfahren Personal wie Gäste eine besondere Wertschätzung. Zu Beginn des Abends fordert der Wirt jeden Gast auf, sich mit seinem Hintermann auf der Bierbank bekannt zu machen. Durch das gegenseitige Kennenlernen gibt es später, wenn die Leute betrunken sind und es eng wird, kaum Auseinandersetzungen. Für uns Kellner ist Mannheim irgendwie etwas Besonderes. Alle Kellner kommen für vier Wochenenden von München, Regensburg usw. nach Mannheim gefahren und erleben dort ein fast familiäres Zusammengehörigkeitsgefühl.

„Genieße dein Leben ständig, denn du bist länger tot als lebendig."

Volksmund

Altstadtfeste

Neben den traditionellen Volksfesten hat beinahe jede Stadt ein Altstadtfest zu bieten, das im Stadtzentrum stattfindet. Diese Art von Festen veranstalten entweder Vereine oder diejenigen, die in der jeweiligen Stadt eine Gaststätte oder ein Café betreiben. Hände über Hände, die das Fest mitgestalten und bewirten, sind natürlich auch hier von Nöten. Das ist selbstverständlich.

Auf Altstadtfesten ist das Flair etwas schöner als auf Volksfesten, die Landschaft meist uriger, vieles findet in alten Gemäuern statt. Bei den Altstadtfesten kann ich das Nürnberger Bürgerfest, das dortige Patenfest der Patengemeinden, das Bardentreffen sowie das Nürnberger Altstadtfest empfehlen, doch auch in anderen Städten Deutschlands gibt es tolle Altstadtfeste. Jedes Fest hat seinen besonderen Reiz.

Volksfest international

Die Bierzelt-Feier-Freude hat letztlich auch das Ausland gepackt. In der Bavarian Corner, also der bayerischen Ecke in einem Nobelkaufhaus in London, sprechen die Gäste beim Kauf von Brezen und Weißwürsten übers Münchner Oktoberfest. In Brüssel wird gar die gesamte Logistik des Oktoberfests aus Bayern nach Brüssel geliefert. Das Festzelt, Essen, Trinken, sogar eine Ochsenbraterei sowie das komplette Personal bestehend aus Bedienungen, Küchenangestellten und Schankkellnern. Das fulminante Fest mit dem verheißungsvollen Namen Brüsseler Oktoberfest wird alle zwei Jahre im Oktober gefeiert. Während der acht Tage herrscht dort feierlustiger Ausnahmezustand mit bunt gemischtem Publikum. Als Kellner bin ich einen Tag vor der Eröffnung angereist. Wir Bedienungen haben das Zelt eingestuhlt und schön eingedeckt für die geladenen Gäste. Der erste Tag ist den geladenen Gästen der Stadt vorbehalten, die, wie in Bayern, die Eröffnung durch den Bieranstich miterleben können. Auffällig in Brüssel: die allermeisten Besucher kommen in Trachten, Lederhosen und Dirndl. Da lässt es sich bestens feiern, bei teurem Bier und allerlei Trubel; die Mass kostet mehr als in München. Ein Fest zum Ausgelassen sein - phänomenal!

„Durst ist schlimmer wie Heimweh, zum Wohl mein Herr!"

ein Trinkspruch

Bis in die USA haben sich Volksfeste verbreitet, genannt sei an dieser Stelle das legendäre Oktoberfest während der Steuben Parade im Central Park von New York. Aber auch wer aus Deutschland auswandert, kommt zu den Volksfesten zurück in die alte Heimat und versinkt in Nostalgie. So meinte ein Deutsch-Amerikaner auf dem Oktoberfest einmal zu mir: „Die Heimat darfst du nie vergessen, da sonst dein Herz das Schönste verliert."

Winterprogramm – Karneval, Weihnachtsmärkte und Messen

Volksfeste oder andere Bierfeste bestimmen den Frühling, Sommer und Herbst. Doch was tun während der Wintermonate? Das fragen mich die Besucher der Volksfeste.
Viele verreisen im Winter in warme Gefilde, zum Beispiel nach

Südostasien und Südamerika. Das Schöne an diesem Job ist, dass das jeder für sich entscheiden kann. Bei mir ist es so, dass ich Familie habe und daher gar nicht diese großen Reisen unternehmen kann. Ich arbeite dann lieber auf Weihnachtsmärkten, Messen oder Events. Vor circa zehn Jahren kellnerte ich etwa bei den Skiweltmeisterschaften in Oberstdorf im Bierzelt. Einige meiner Kollegen sind beim Fasching und dem Karneval in Köln dabei. In Köln und Umgebung heißt der Kellner „Köbes", das letzte Bier des Abends wird auch „Scheidebecher" genannt. Zahlreiche Winterfestivals wie das Tollwood Festival in München sind eine gute Einkommensquelle für uns Kellner. Sie sehen, Deutschland hat einiges zu bieten.

Auf Messen wird gerne mit Kreditkarte bezahlt, am liebsten würden manche Geschäftsleute jedes Getränk und jedes Essen mit Karte bezahlen, da ist das Trinkgeld nicht inklusive – das heißt Obacht geben! Gerne können Sie Ihre Gäste einmal höflich daran erinnern. Peinlich wird es, wenn die Karte dann nicht funktioniert. Das passiert schon mal und wird bei Bewirtungen mit geladenen Gästen schnell zum Stressfaktor. Hier müssen Sie die Ruhe bewahren. Ansonsten zahlen die Leute mit großen Scheinen, obwohl sie kleinere oder sogar Münzen im Geldbeutel hätten. Das ist pure Bequemlichkeit und so mancher möchte zeigen, dass er viel Geld hat.

„Die Rechnung bitte – aber ohne Datum!"

oft gehört

Auf der Spielwarenmesse in Nürnberg - sie ist auf der ganzen Welt ein Begriff - arbeite ich zur Winterzeit. Dort wird abends auf den After-Work-Partys richtig gefeiert. Außerdem bin ich während des Christkindlesmarkts am Hauptmarkt Kellner in einem gutbürgerlichen Restaurant. Es ist unglaublich, wie begehrt Nürnberg in dieser Zeit ist. Die Gäste fliegen von überall nach Nürnberg zum berühmten Christkindlesmarkt, auch hier gibt es, wie auf dem Oktoberfest das sogenannte Italiener-Wochenende. Im Januar dann wird es ruhiger und diese Verschnaufpause braucht man auch. Sie sehen, wer arbeiten will, kann praktisch in jedem Monat etwas finden und zwischendurch trotzdem seine Ruhemomente genießen.

Grüne Woche in Berlin - eine einzigartige Atmosphäre

Den Arbeitsjahresbeginn leitet stets die Grüne Woche in Berlin ein. Diese Messe findet im Januar statt, auf der landwirtschaftliche Erzeugnisse von den Herstellern und Vertreibern präsentiert werden. Das hört sich für Sie nun nicht nach Feststimmung an? Weit gefehlt! Auch hier spüren Sie die vernetzte Welt der Gastronomie. Spezialitäten aus den unterschiedlichsten Ländern werden frisch zubereitet und die Besucher können diese dann probieren.

„Wo ich geh und steh, tun meine Knochen weh, nur wenn ich sitz und sauf, hören die Schmerzen sofort auf!“

ein Messespruch

Als Saison-Kellner ist es ein Muss mindestens einmal bei der Grünen Woche gearbeitet zu haben. Denn es ist fantastisch mit allen Sinnen mitzuerleben, wie Menschen aus der ganzen Welt hier zusammenkommen und ihre Kulturen und Bräuche auf kulinarische Weise präsentieren. In den großen Hallen werden Sie sich einmal mehr bewusst, dass Essen und Trinken, Musik und Menschen verschiedenster Herkunft international verbunden sind. Jeder kann von anderen etwas lernen, dabei seine Sinne erweitern.

Computer Messe CeBIT in Hannover - Münchner Halle

Auf der weltgrößten Computer Messe im März arbeiten die Aussteller und Besucher nicht nur, sondern veranstalten auch mehrere After-Work-Partys. Besonders in der Münchner Halle können Gäste das Oktoberfest-Feeling nachempfinden und ihre Mass Bier genießen. Das auf einer Computer Messe zu erleben, ist schon ein Phänomen. Saison-Kellner, die hier beschäftigt sind, können dabei gut ihre Tage auffüllen, die sie noch für ihre Arbeitsregelung benötigen. Denn sonst ist um diese Jahreszeit - Anfang März - in Bierzelten noch nicht viel los

Mein Motto: Es gibt nichts Schöneres als was Schönes und es gibt nicht Besseres als was Gutes.

Das Schöne überwiegt

Nun sage ich stets, es ist ein verdammt harter Job. Da fragen Sie sich zurecht, warum ich zur Winterzeit dann so viel arbeite. Das hat mehrere Gründe, die sich mit den Jahren so ergeben haben:

Erstens die Arbeitsregelungen - man braucht die Tage, um die unterschiedlichen Regelungen zu erfüllen. Zweitens der Verdienst - es ist nicht mehr so wie vor zehn Jahren, dass ein Saison-Kellner hübsch vom Sommer, den großen Volksfesten, leben kann. Drittens die Freizeit - da ich im Winter nicht wegfliege, nehme ich mir im Sommer zwischendrin Zeit zum Entspannen und Kraft tanken. So arbeite ich im Sommer nicht durchgehend und habe weniger Feste als meine Winterurlaubskollegen.

Sie sehen, genau das ist reizvoll am professionellen Kellnern. Sie können sich Ihre Arbeitszeiten im Jahr so einteilen, dass das Bedienen Ihnen Spaß macht. Dadurch sind Sie ihr eigener Chef. In diesem Job-Modell sind Sie das ganze Jahr Saison-Kellner. Ein essentielles Verhalten, das Sie brauchen, um dieses Modell durchziehen zu können ist und bleibt: die Selbstdisziplin. Selbstdisziplin in einem gehörigen Ausmaß.

„Sei stets vergnügt und niemals sauer, das verlängert deine Lebensdauer."

eine Lebensweisheit

Dialoge und kernige Sprüche aus dem Bierzelt

Zum Thema Kellner

„Dem einen soll die Bedienung sauber sein und recht jung dazu, der andere schreit: Mir ist a alte lieber, ich will meine bayerische Ruh'!“

Ein weiblicher Gast zu mir: „Wenn ich einmal deine Wadln anlangen darf, kriegst Du auch gescheites Trinkgeld von mir.“ - Später bestellt Sie drei Radlermass, ich sage den Preis 29,85 Euro. Sie gibt mir 50 Euro. „Stimmt so, für deine Wadln, das sind ja solche Dinger – ohhh!“

„Eine Bedienung mit dem Herz am rechten Fleck.“
ein lieber Gast

Sagt ein Gast zu mir: „Deine Kollegin wäre mir lieber.“ Ich: „Warum?“ Er: „Die hat aber Holz vor der Hütten!“

„Wenn der schneller wär, könnt er viel mehr verkaufen.“
ein Schlaumeier

“Chef, schick dich ein wenig, wennst schon weißt, dass´d langsam bist.“
ein Gast

„Bedienungen sind nicht alle auf Zack.“
beobachtende Gäste

„Wer nichts wird, wird Wirt.“
altes Sprichwort

„Was sind Sie von Beruf?“ „Kellner.“ „Ach so.“

„Hab schon bei der Konkurrenz bestellt.“
nicht gern gehört

„Kümmere dich um deine Reihe, um meine kümmere ich mich selber.“
unter Kollegen

“Wenn ich die 10 Bierzeichen verkauft habe, mach ich Feierabend.“
ein Kellner spät am Abend – das geht gar nicht.

Zum Thema Musik

Musik: „Wer hat Kirwa?"
Kirwaburschen und Kirwamadln:
„Mir haben Kirwa!"
beliebte Kirchweih-Sprüche

Eine Durchsage ertönt: „Es ist ein Handy gefunden worden, das können Sie wenn's Ihnen gehört an der Bühne abholen. Kostet natürlich eine Runde Schnaps für die Musikanten, denn umsonst ist nur der Tod und der kostet das Leben."

Die Musik macht gerade Pause, da kommen Gäste:
„Herr Ober, spielt da auch Livemusik?
„Ja klar, nach der Pause geht's weiter."
„Ja wann denn?"

„Musik sagt das Unsagbare."
Volksweisheit

„Die Krüge, die Krüge, die Krüge – Ein Prosit der Gemütlichkeit!"
Trinkspruch der Musiker

„Hat jeder was zu Trinken? Der keinen Krug hat, nimmt den vom Nachbarn - der kostet nichts."
ein Kellnerspruch

„Austrinken und eine frische Mass bestellen. Prost! Seid's friedlich!"
Gut für Situationen, in denen alle auf den Bänken stehen und keiner mehr weiß, welche Mass ihm gehört. Dann bestellen die Gäste oft einfach eine neue Mass.

„Alle Bläser spielen mit Leichtigkeit, haben sie genügend Feuchtigkeit ... Prost!"
Trinkspruch der Musiker

„Hände an die Krüge - so viel Zeit muss sein - die Säufer und Trinker mit beiden Händen ... Ein Prosit!... Prost - Spülen wir es runter, das gute Bier!"
Musiker Trinkspruch

Zum Thema Gäste

„Wer zahlt, schafft an.“
Volksweisheit

Gast: „Was macht der Rotwein?“
Ich: „Bei 3,00 Euro bist dabei auf der Kirchweih, junger Mann.“
Gast: „Und was macht die Mass am dritten Tag?“
Ich: „6,40 Euro, der Herr.“
Gast (fassungslos): „Die wird nicht billiger.“
So wollen die Leute unterhalten werden

„Es gibt zu viele Wichtigtuer, die nichts Wichtiges tun.“
Friedrich Dürrenmatt

„Die meisten Leute kennen das Bierzelt nur in der Rolle des Gasts.“
eine Kellnerweisheit

Ich komm mit einer bestellten Mass zum Gast. Der Gast zu mir: „Geht aufs Haus, oder?“

„Was im Bierzelt passiert, bleibt im Bierzelt!“

„Meine Herrschaften, so wird bei uns serviert und das funktioniert.“

„Ein halbes Hähnchen bitte, aber keins von gestern.“
ein Gast

„Wir trinken nur noch aus, dann gehen wir ... alles mit der Ruhe.“
beliebter Kommentar eine halbe Stunde nach Schankschluss

„Wir schauen noch“ „Wir überlegen noch.“
oft gehört, gerade bei Jugendlichen

Ein Lächeln erfreut mindestens zwei: Den, der es schenkt und den, der es erhält.
von William James

Da sagte mal ein Bauer zu mir: „Es gibt nichts schlaueres wie eine Bedienung.“
Da antwortete ich: „Und wie einen Bauern!“

Ein älterer Herr: „Herr Ober, a Mass bitte!“
Ich: „6.80 bitte, mein Herr.“
Er: „Mach 7 Euro, heut hab ich einen guten Tag.“
Später lauf ich wieder vorbei, da schreit er: „Hallo, die Mass kannst wieder mitnehmen, ist mir zu kalt. Gibt‘s da keinen Wärmer?“
Ich: „Einen Handwärmer, mein Herr?“
Er: „Ach so, wir sind ja hier im Bierzelt, nicht am Stammtisch in meinem Wirtshaus. Ich bin noch einer vom alten Schlag.“

Kommt ein Pärchen zum Essen ins Bierzelt. Er - großer, starker Mann. Sie – klein und zierlich. Er bestellt eine halbe Schweinshaxe. Sie eine ganze Haxe.
Komm ich mit dem Essen, sagt er: „Ich sage Ihnen, gut muss es sein, nicht wenig.“
Ich lache und sage: „Den Spruch muss ich mir merken.“

Ein gestresster Rentner am Seniorennachmittag: „Wo bleibt mein Hendl?“
Bedienung: „Hast Angst, dass des nicht mehr erlebst?“
(Das hören die Wirte aber nicht so gern...)

Kommt ein Gast zu mir und fragt: „Herr Ober kennen Sie den Unterschied zwischen einem Gasthaus, einem Wirtshaus und einem Bierzelt?“
Ich: „Ne sag mal.“
Der Gast: „Im Gasthaus ist der Gast König. Im Wirtshaus ist der Wirt König. Und im Bierzelt ist die Bierkönigin.“

„Was bestellen ein Bayer, ein Schwabe und ein Türke als erstes im Bierzelt?
Der Bayer eine Mass, der Schwabe ein Göckle (Hähnchen) und der Türke eine Cola.
Dann kommt alles andere ...“
meine Erfahrung

Sagt ein Gast zu mir: „Herr Ober, kennen Sie einen Essens-Spruch?“
Ich: „Nee, schießen Sie los, mein Herr.“
Er: „Nicht das Viele ist gut, sondern das Gute ist viel.“

„Hey Meister, a Mass!“
ganz schön frecher Gast

Zum Thema Geld

„Alles, was uns wirklich nützt, ist für wenig Geld zu haben. Nur das Überflüssige kostet viel!"
eine Volksweisheit

Nach der fünften Runde: „Gibt's da auch Rabatt?"

„Du musst ja auch von was leben."

Ober: „8,80 der Herr." Gast: „Mach 10, weilst so schnell warst."

„Weilst es Du bist mach 6.50." (ernstgemeint, bei 6.40 Euro!)

„9,95 Euro mein Herr (für eine Mass)" Er, ein älterer Herr: „Mach 15 Euro Herr Ober, wir leben ja heute sowieso in Saus und Braus."

Kellner: „6.90, bitte." Er: „Mach 7.00 Euro, nächstes Mal kriegst mehr. Du bist der Beste. Leben und leben lassen."

„Das ist aber ein blöder Preis."

„Du sollst auch nicht leben wie ein Hund."

„Ist kein Honiglecken, euer Job hier im Bierzelt."

„Das geht auf mich." (das Bier bezahle ich)

„Das ist aber ein blöder Preis."
Dieser Spruch kommt fast bei jedem Bierpreis. Selten kommt mal etwas Positives. Ich sage so: Es gleicht sich immer wieder aus, mal ist der Bierpreis gut, mal schlecht. So ist das eben.

„Immer schön Maß halten!" „Ohne Moos nichts los."

Gast: „Was kost die Mass?" Kellner: „7.90." Gast: „Mach 8,00 Euro, Kleinvieh macht auch Mist."

Ich komm an den Tisch mit einer Haxe und Mass, sage den Preis: „11.90 und 7,90 macht 19, 80, der Herr." Der Gast: „Ich möchte nicht das Bierzelt kaufen." Ich: „Dafür bekommen Sie es auch nicht." Gast: „19.80 Euro waren früher 40 Mark!" Ich tröste: „Sie haben Recht." Gast: „Wir sind doch nicht auf dem Oktoberfest!"

„Wenn man bedenkt, dass das Geld jedes Jahr 5 % von seinem Wert verliert, kann man sagen: Geld verdunstet in zwanzig Jahren."
Danny Kaye

Zum Thema Frauen

„Die Mädels saufen – äh – trinken mir zu wenig."
ein Kollege denkt laut

„Lieber im Wald bei einer wilden Sau als zu Haus bei einer bösen Frau."

„An alles was ich denke, sind Frauen und Getränke."
(Eine Mass bitte Bedienung)

„Eine Radlermass und vier Strohhalme bitte!"
weibliche Gäste

„Die Liebe ist vergänglich, der Durst bleibt lebenslänglich...Prost!"
ein Trinkspruch

Bedienung kommt mit zehn Mass (Bier und Radler). Sitzen drei Frauen am Tisch: „Sie, können wir auch Getränke bestellen?" Bedienung: „Sie sehn ja meine lieben Damen, was ich gerade mache, oder? Für Weinschorlen und andere Getränke müssen sie warten, bis die Massen verkauft sind. Extrawünsche dauern ein wenig im Leben, meine Damen. Spaß, das ist das tägliche Geschäft im Bierzelt."

„Siehst du deine Frau im Sumpfe winken, dann wink zurück und lass sie sinken. Prost!"

Sitzen vier russlanddeutsche Frauen am Biertisch: „Hallo, haben Sie kleines Bir [Bier]?'
Ich: „Nein, nur Mass gibt es im Bierzelt hier."
Sie: „Was kostet das denn?"
Ich: „6,60."
Sie: „Dann bringen Sie uns eine Mass. Haben Sie kleine Gläser?"
Ich: „Nein, nur Strohhalme."
Anschließend trinken sie alle vier aus der einen Mass. Später kommen zwei Herren dazu, vermutlich ihre Männer, mit einem Plastikkanister über fünf Liter.
„Herr, bitte vollmachen, zum Mitnehmen. Dieses Bier ist sehr gut."

Muss man das verstehen?

Zum Thema Essen und Trinken

„In vino veritas."
(Im Wein steckt die Wahrheit.)
lateinisches Sprichwort

„Noch eine Mass, mein Herr?"
„Weilst mich so schee gefragt hast, eine geht noch!"

„Wie viel %
hat das Bier dieses Jahr, Herr Ober?"
„100 Prozent, Chef."
Jeder blöde Spruch bringt was. Alle lachen und sind heiter. Später verrate ich dann:
„Zwischen 5 und 6 Prozent."

„Brauchst nicht aufschreiben, ich trink's glei."
ein Witzbold

„Früher haben die getrunken, die es vertragen haben."
ein Spruch für Volltrunkene

„Bring mer no a Mass, wenn's Gartengschäft nachlässt"
Das heißt, wenn der Ansturm vorbei ist oder bei der nächsten Runde.

„Bring noch a Mass - auf einem Fuß steht man nicht gut!"

„Lass mal die Luft raus!"
„Dieser Krug hat ein Loch!"
Gastspruch bei leerem Krug

„Das ist aber eine trockene Baustelle."
Alle laufen rum, keiner bringt dem Gast ein Bier

Ich:
„Geht noch eins? A Bier?"
Gast: „Na, auf einem Fuß steht man schlecht. Klar, ein Bier bitte."

Kommt ein Gast zu mir und fragt mich: „Herr Ober, kennen Sie das beste Bier der Welt?"
Ich: „Für mich ist es das Augustiner aus München, der Herr."
Er: „Nein, das beste Bier der Welt ist das FREIBIER, junger Mann."

„Einen Bettler/ Kranken fragt man nicht! Stell noch eine Mass her, Chef!"

„Gibt es von dem alkoholfreien Radler auch einen Schnitt, ich muss noch fahren."
Das ist die schärfste Bestellung. Natürlich nicht!

„Den Plempel kannst selber saufen!" (warmes Bier, abgestanden) „Bring mir a frische Mass."

„Eine frische Mass Herr Ober, keine abgestandene, bitte."
ein Gast

Ein Herr bestellt einen Jagertee, meine Kollegin bringt den Jagertee und sagt: „Einen Jagertee für den gejagten Herrn, bitte sehr."
***Merke:** Einen solchen Spruch zur Auflockerung der Stimmung können nur weibliche Bedienungen bringen. Von männlichen Kellnern gesprochen, würde das nicht gut ankommen.*

Gast: „Herr Ober, heuer hat die Brauerei ein sehr gutes Bier gebraut. Haben Sie es schon probiert?"
Ich: „Nein ich muss noch fahren, mein Herr."

„Eine Halbe bitte!"
Ich: „Es gibt nur Mass!" („Dann wartest, bist a Ganze trinken kannst!")

„Der Doktor hat gesagt, ich soll viel trinken. So zwei bis drei Liter. Aber was hat er nicht gesagt, also trinke ich Bier!"

„Heben wir den Krug und nehmen einen Zug"
oder alle:
„Heben wir die Krüge und nehmen ein paar Züge.... Prost!"
ein Trinkspruch

„Ist das Bier vegan?"
„Ja das Bier ist vegan."
***Merke:** Hardcore-Veganer stören sich am Etikettenleim, weil dieser meistens aus Kasein hergestellt wird und das ist ein Milchnebenprodukt. Bei Fass- und Tankbier somit überhaupt kein Problem.*

Gast: „Herr Ober, eine schnelle Mass geht noch!"
Wenige Minuten später: „Das ging aber schnell."
Ich: „Ich bin ja nicht zum Spaß da, mein Herr!"

Musik: „Prost ihr Säcke!"
Gäste: „Prost du Sack!"
Musik: „Sauft ihr Säcke!"
Gäste: „Sauf du Sack!"
Musik: „Bitte!"
Gäste: „Danke!"
Musik: „Die Massen fassen und ein Prosit! Ein Prosit der Gemütlichkeit."

Sagt der Mann zu seiner Frau: „Alte ich leg mich jetzt hin, denn ich möchte heut Abend ins Bierzelt gehen. Wenn ich Durscht hab, weckst mich halt auf."
Sagt die Frau: „Wie weiß ich, wann Du Durscht hast?"
Sagt er: „Wennst mich aufweckst!"

„Herr Ober, bring mir ein Spezi, ich habe noch so einen Brand von gestern, ich hab jetzt noch einen aufgewärmten (Rausch)."
ein Gast am Mittag

Zum Thema Essen und Trinken

„Was früher meine Leber war, ist heute meine Minibar“
Volksmund

„Hoch die Krüje“ – oder: „Ham Se auch noch wat andres da?“
eine Reisegruppe aus dem Norden

Sagt ein Gast zu mir: „Herr Ober, ich hätte gerne das, was der Herr gegenüber isst.“ Ich: „Ich denke nicht, dass ich es ihm wegnehmen kann. Ist nur Spaß, mein Herr, natürlich bekommen Sie die Haxe.“

„Schatz, was isst du?“

Kellner: „War’s gut (das Essen)?“
Gast: „Ja, aber zu viel.“
Kellner: „Lieber zu viel als zu wenig.“

„Des Noagerl (Daumenrest voll Bier im Krug) kannst mitnehmen. Eine frische Mass bitte!“

Ich bring eine Mass.
Sie: „Mein Mann ist auf der Toilette, er hat das Geld.“
Ich: „Oh, das wird teuer!“

„Küsse vergehen, Kochkunst bleibt bestehen.“
George Meredith

„Wer zu spät kommt, den bestraft das Leben.“
„Die Letzten beißen die Hunde.“
Sprüche für Gäste, die zu spät kommen und zum Beispiel kein Tagesgericht mehr bekommen.

„Ein Radler mit mehr Limo, die andere Radler mit wenig Limo.“
ein Gast

„Hast eins über?“ (ein Bier)
„Kommst Du nochmal (mit Bier)“?
Ich: „Natürlich, den ganzen Tag!“

Kellner: „Das Essen kommt gleich.“
Gast: „Ich hab Zeit, ich bin nicht auf der Flucht.“

Was Ihnen noch zum Expertenwissen fehlt

Andere Länder, andere Sitten – internationale Gäste bedienen

Als Kellner auf den großen Volksfesten bin ich unmittelbar mit den unterschiedlichsten Esskulturen konfrontiert. Was mir am Anfang noch fremd erschien, wurde nach einiger Zeit Normalität. Deutsche, Italiener, Franzosen, Russen, Schweden, osteuropäische, amerikanische, arabische oder südostasiatische Gäste - sie alle pflegen auf andere Art miteinander zu essen. Inbegriffen ist dabei die Tischkultur, nicht nur was man isst, sondern wann zum Beispiel die Teller abgeräumt werden.

„Appetit ist die Luxusausgabe des Hungers."
Anita Daniel

Beginnen wir mit unseren deutschen Mitbürgern. Hier steht die Sauberkeit im Vordergrund. Das ist nicht nur ein Klischee oder Vorurteil von ausländischen Gästen uns gegenüber, sondern eine Tatsache, die wir als Kellner erleben. Deutsche Gäste möchten, dass nach dem Essen so bald wie möglich die Teller mit den Resten wieder abgeräumt werden. Manchmal lassen sie sich übriggebliebenes Essen zum Mitnehmen in Alufolie einpacken. Es wird nicht gern gesehen, wenn leere Teller oder leere Masskrüge stundenlang am Tisch stehen. Davon kann das Trinkgeld abhängen.
Am spendabelsten sind die englischsprachigen Gäste, die selbst im betrunkenen Zustand lieb und friedlich sind. Dazu zählen aus meiner Erfahrung besonders die Australier und die Engländer. Die amerikanischen und skandinavischen Gäste sind sowieso unkompliziert - das trifft vor allem auf die Amerikaner zu - und geben meist gutes Trinkgeld, sie sind es von ihrer Heimat so gewohnt, dass der Lohn der Bedienungen vom Trinkgeld abhängt und diese darauf angewiesen sind. Klöße oder Knödel heißen im Englischen übrigens dumpling.

Italiener und Franzosen ähneln sich in ihrer Bestellweise. Beide gelten bei den Kellnern als beliebt aber schwierig. Sie sind dafür bekannt, als Gäste sehr anspruchsvoll zu sein. Der Versuch die Bestellung zu vereinfachen, funktioniert hier nicht. Die Gäste ordern ihre Getränke und Essen jeweils nacheinander und geben anschließend kaum Trinkgeld. In der Regel sitzen die Franzosen ziemlich lange zusammen, essen und trinken. Haxe heißt im Italienischen übrigens stinco.

Und auch die Österreicher können ein anstrengendes Publikum bezüglich ihres Gastverhaltens sein. Manche benehmen sich als hätten sie selbst die Gastronomie erfunden, stellen Ansprüche und sind oftmals frech. Österreichische Gäste fordern viel von den Bedienungen und haben nicht selten Sonderwünsche beim Essen. Sie haben einfach einen ganz anderen Schmäh als deutsche Kunden. Als Kellner benötigen Sie hier also Finesse und Fingerspitzengefühl. Jedoch muss ich sagen, dass die Gäste, wenn sie zufrieden sind, gutes Trinkgeld geben.

Osteuropäische Gäste wiederum, insbesondere Russen, haben den ganzen Abend einen reich gedeckten Tisch. Sie bestellen gerne zwischendurch etwas nach, selbst wenn noch nicht aufgegessen ist. Die Teller dürfen Sie bis zum Schluss nicht abräumen. Oft ist der Tisch so voll, dass kaum noch eine Mass hinpasst. Dann halten die Gäste ihr Bier in der Hand oder stellen die Mass an irgendeinem Platz in Tischnähe ab. Der Tisch sollte reichlich gedeckt aussehen.

Bei asiatischen Gästen ist es ähnlich. Nur bestellen sie lauter verschiedene Speisen. Wenn ich diese serviert habe, kommen alle Gerichte in die Mitte und jeder nimmt sich, was er mag. Die Teller bleiben bis zum Bezahlen am Tisch – das ist besonders bei Gästen aus Japan und Korea wichtig. Auch hier soll es die ganze Zeit üppig ausschauen. Bei Japanern sitzt der Reiseleiter übrigens alleine an einem Tisch, das sollten Sie bei der Platzierung bedenken. Besonders bei unseren japanischen Besuchern sollten Sie sich auf das Blitzlichtgewitter von deren Kameras einstellen. Sie als Kellner sind dabei ein beliebtes Motiv, aber auch nur der Tisch mit den

Köstlichkeiten – alles wird fotografisch festgehalten. Arabische und indische Besucher essen häufig mit den Fingern und benötigen daher ein paar Servietten mehr, um sich die Hände zu säubern. Die Teller vom Fingerfood darf man gleich abräumen. Im Februar 2003 war ich in den Arabischen Emiraten zu Besuch bei einem Bekannten, der dort ein Reisebüro eröffnet hatte. Ich stellte erstaunt fest, dass man dort ein großes arabisches Volksfest, eine Art Festival mit Fahrgeschäften wie in Deutschland hat, allerdings kein Bierzelt. Wahrscheinlich wäre es innen zu warm. Dafür gibt es viele Biergärten, Restaurants und Schausteller. Arabische Händler präsentieren die Kulturen ihrer Länder und ihre Waren. Kellner waren auf diesem Festival natürlich auch beschäftigt. Indische Kellner, habe ich mir sagen lassen, waren in jener Saison besonders häufig vertreten. Oktoberfeste werden überall auf der Welt zelebriert.

Mit dem Schlitten im Schiff ein Heimspiel – kleines ABC der Bierzeltsprache

Die wichtigsten Begriffe und Redewendungen aus der Kellnersprache:

Abkochen – wenn eine Bedienung/ ein Kellner viel zu tun und eine gute Reservierung hat.
Am Bock verkaufen – an der Theke verkaufen, nachdem man seine Bierzeichen hergegeben hat.
Anklopfen – mit dem Besteck ans Glas. Bedeutet, dass jemand eine Ansprache machen möchte.

Bedienungsgeld – auch Serviceprozente genannt, ist kein Trinkgeld. Das ist der Lohn, den eine Bedienung bekommt.
Bierzeichen mit Bedienung und **Bierzeichen ohne Bedienung** – der Unterschied für den Gast ist, dass er beim Kauf von Zeichen ohne Bedienung entscheiden kann, wie viel Trinkgeld die Bedienung ihm wert ist. Zunächst zahlt er dann weniger beim Kauf der Marken im Festbüro.

Bierzeichen, Bierchips – Marken für das Bier, so etwas wie Gutscheine, die der Kellner dann am Bock abgeben kann und dafür die entsprechenden Biere bekommt.
Blind gehen – wenn viel los ist, immer ein paar Mass mehr mitnehmen. Die gehen schon weg. Nicht auf Bestellung.
Blindreservierung – zwei Gäste setzen sich an einen 10er Tisch und halten den Platz frei.
Bock – Theke.
Boxen – auch Logen genannt. Abgetrennte Nischen, z.B. die Brauereibox.

Erste Bedienung – weiblicher Oberkellner, sind oft mit der Kellnernummer 1 versehen.
Essen am Pass holen – Essen an der Essenstheke abholen (dahinter liegt die Küche).

Galerie, Empore – Balkone, erster Stock im Bierzelt.

Hangerl – ein Geschirrtuch oder eine Stoffservierte, die die Bedienung dabei hat, um unter dem Masskrug abzuwischen, damit der Tisch trocken bleibt.
Handausleihe – mit dem Kugelschreiber die ausgeliehenen Bierzeichen auf die Hand schreiben, damit man es nicht vergisst.
Heimspiel – bei einem Volksfest im eigenen Ort arbeiten. Das bedeutet, dass man in seinem eigenen Bett schlafen kann und die ganze Reiserei wegfällt.

Ich rechne ab – das heißt nicht selten „ich breche ab".
Ist in Arbeit – bedeutet, dass die Bestellung schon bearbeitet wird.

Kellner Geschirr – sind die vielen Taschen der Kellner, wo sich die Leute fragen, was da alles drin ist.
Leerstation – ein Servicebereich, der nicht läuft.
Luxus – sich während eines Festes am Wochenende mit Freunden treffen.

Markerl – bayrisch für Bierzeichen, Biermarken.

Nummern – auf dem Tisch mit Hand geschrieben (Kreide) - damit sich das Team den Tisch merkt.
Nullertag – heißt, dass man nichts verdient hat.

Passkontrolle oder Bockkontrolle – Aufgabe des Essen- und Getränkekontrolleurs, auch genannt Zeichenschieber.
Platzieren – der Kellner schnappt sich die neu angekommenen Gäste und setzt sie in seinen Servicebereich.

Reservierungen – Zahlen für die Anzahl der Mass oder andere Bestellungen (1, 2, 3), Striche sind hier nicht erlaubt.

Schiff – oder auch Mittelschiff, das Zeltinnere, außer Boxen, Galerie und Empore.
Schleuderservice – bedeutet einfach nacheinander schnell alles dem Gast hinstellen und ab zum nächsten Tisch hasten (lieblos).
Schlichtsystem auf dem Schlitten – Sortierung der Speisen auf dem Tablett (Brett), damit sich die Soßen nicht vermischen.
Schlitten – Tablett, Essenstablett.
Schlitten nachziehen – wenn man in der Schlange steht bei der Küche und ein Kollege möchte eine rauchen, dann darf er sich danach wieder zu seinem Schlitten einreihen und ist ein Stück nach vorne gerutscht.
Schnitt – das ist eine Schaummass, wird so bestellt.
Schönmachen – den Schaumkranz der Mass schöner machen, indem man mit dem Henkel einer anderen Mass leicht an den Rand klopft. Dadurch schäumt das Bier. Alternativ kann man mit einem Messer an den Henkel klopfen, oder zur Not mit dem Strohhalm umrühren.
Schunkeln – beim Nachbarn mit dem Arm einhängen und sitzend im Rhythmus der Musik den Oberkörper bewegen.
Stehmass Verkauf – Kellner verkaufen Bier im Gang. Ganz einfach. Für Gäste, die keinen Sitzplatz haben.

Tunnelblick – Service-Küche, Schänke-Service. Handy dabei für den Kontakt zur Außenwelt.

Volksfest-Inventar – so nennt man ältere Bedienungen, die schon etliche Jahre dabei sind.
Von der Straße weg – bedeutet, dass man nicht genug verdient hat, ein Fest nicht gut gelaufen ist.

Wegschwimmen – bedeutet, dass einem plötzlich alles zu viel wird und man es nicht mehr schafft. Wenn alle Gäste auf einmal kommen und zugleich die Bestellungen eintreffen.
Wolf laufen – heißt die Beine wund laufen und schwitzen.

Abkürzungen für die Bestellungsaufnahme
Striche – für die Anzahl der jeweiligen Bestellungen (I, II, III, ...), beim fünften werden die vorherigen durchgestrichen (IIII), so weiß man, fünf sind voll.
B – Bier
He – Hendl

Preisspickzettel, dann geht alles schneller

1	6,80 €
2	13,60 €
3	20,40 €
4	27,20 €
5	34,00 €
6	40,80 €
7	47,60 €
8	54,40 €
9	61,20 €
10	68,00 €

Symbolik

Wäscheklammern – aus Holz am Dirndl oder an der Kellner-Weste angebracht, das ist auch bei den Gästen in. Mit einer Wäscheklammer hängen sich die Kellner an das Hemd oder das Dirndl die Essenszettel an, in der bestellten Reihenfolge. Je weniger Zettel, desto weniger Bestellungen. Der Kellner aus deinem Team sieht das sofort. Die Gäste aber schauen und fragen sich, was diese Zettel sollen.

Die Klammern sind nicht nur für die Bestellungen da, sondern auch um zu zeigen, wie wir Kellner uns in diesem Volksfestwahnsinn sehen: Ob als Prinzessin, Biertaxi oder Immer-lächeln-Person – Sie können verschiedenste Sprüche entdecken:

- Ich lebe vom Trinkgeld
- Tellertaxi
- Biertaxi
- Bierstier
- Bedienung mit Herz
- Immer Lächeln
- Ohne di des haut net hi
- Prinzessin
- König Ludwig
- Spotzl, (Spatzl)
- W. B. F. Z. A. M.: Wer blöd fragt, zahlt a Mass.
- Sissi
- Lang mi ned o (Fass mich nicht an)
- Das Auge isst mit
- Biergott
- Contenance
- So viel Trinkgeld wäre geil!
- Ich bring Bier
- Ich bring Essen
- Hetz mi ned

Wer in Bierzelten kellnert, kann sich das Fitnessstudio sparen

An einem Wiesn-Tag oder auf Festen wie in Straubing, Regensburg, Erlangen, Nürnberg oder Stuttgart laufe ich eine Strecke zwischen fünf und 20 Kilometer, 5000 bis 20 000 Meter pro Tag. Die Wege bis zu den Tischen sind 20 bis 40 Meter, manchmal noch mehr. Wenn ich zum Beispiel oben auf der Terrasse bediene, muss ich dazu noch Treppen steigen. Da ist es wichtig, zwischendurch genügend zu trinken, damit man die ganze Lauferei durchhalten kann.

„Zwei Straßen trennten sich im Wald und ich – ich nahm die, die weniger belebt war. Und diese Entscheidung hat den großen Unterschied gemacht.“
Robert Frost

Wie viel wiegt eine Mass mit Inhalt? Zehn gefüllte Mass entsprechen circa 22 bis 23 Kilogramm. Das bedeutet, mit nur einer gefüllten Mass habe ich gleich gute zwei Kilogramm in der Hand. Und Sie haben gewiss erst sehr wenige Kellner nur einen vollen Krug tragen sehen! Solch ein mit Hendl beladener Schlitten – es passen 14 drauf – umfasst zusätzlich 25-30 Kilogramm. Manche Kellner schlichten 17 und mehr Hendl auf einen Schlitten - na wer's mag.

Die ganze Schlepperei hat etwas Gutes, privat muss ich nicht mehr groß trainieren. Dicke Oberarme und Waden bekomm ich als Extra dazu in Deutschlands Bierzelten. Der im Guinness-Buch der Rekorde nachgewiesene Rekord von getragenen, gefüllten Masskrügen steht bei 25 offiziell; inoffiziell liegt er bei 27. Bei den weiblichen Bedienungen liegt er bei 18 gefüllten Masskrügen auf 40 Meter. Unter männlichen Kellnern soll sogar geübt werden - hab ich mir sagen lassen - mit 30 vollen Masskrügen 40 Meter zu schaffen, da müssen Zusammenstellung und Technik schon stimmen - mein lieber Mann! Ich trage nur selten 16, denn die Gefahr, dass ein Krug zerbricht, ist einfach zu hoch. Nur der Show halber mach ich das.

„Mit vier Mass sind alle Frauen schön!“
ein blöder Spruch

Der Flirtfaktor

Mit dem Alkoholpegel steigt das Annäherungsbedürfnis der Gäste. Flirtversuche muss eine Bedienung aushalten, das gehört zum Geschäft. Auch ein Klaps auf den Allerwertesten kann schon mal vorkommen. Aber glauben Sie mir: der oder die macht das bei mir nur einmal, dann nicht mehr. Es ist wichtig, dass Sie als Kellner verbal klar Ihre Grenzen zeigen und vermitteln, zur Not hilft Ihnen die Security. Anbandeln bei der Arbeit im Bierzelt geht gar nicht. Ihre Herausforderung ist es, die Balance zu halten: Zwar sollen Sie Stimmung machen und an der ausgelassenen Partylaune teilhaben, andererseits müssen Sie einen kühlen Kopf behalten und sich professionell verhalten. Hier gilt es, höfliche Distanz zu wahren.

„Kaltes Bier und heiße Weiber sind die schönsten Zeitvertreiber.“
Lebensweisheit

Anmachsprüche

„Komm her, zeig mal deine Wadln!“
„Komm, mach ein Foto mit mir!“
„Komm, setz di her zu uns!“
„Only one kiss and a photo, please!“
„Du hast aber eine schöne Lederhose/Dirndl!“
„Bist du verheiratet?“
„Du hast aber schöne Augen/ ein schönes Lächeln!“

Wadl – ein eigenes Kuriosum

Was kann schöner sein als ein Leben lang in kurzen Lederhosen sein Geld zu verdienen, die Menschen glücklich zu machen und die Wadln zu zeigen? Wegen meiner strammen Wadl werde ich nicht selten gefragt, ob ich denn als Wadlmodell arbeite. Tatsache ist, dass die Frauen auf die Wadln der Herren schauen. Manche wollen diese sogar anfassen, wenn sie besonders schön und groß sind. Ich kann davon ein Lied singen, denn bei mir ist das tatsächlich der Fall. Ich würde sagen – ohne arrogant zu sein – dass ich die schönsten und größten Wadln in meinem Zelt auf der Wiesn habe. Das Wadl-Betasten hat mir schon einiges an Aufsehen und extra Geld eingebracht. Das nennen wir F-Geld, also Geld von Frauen. Kein Witz! Als „der Kellner mit diesen gigantischen Wadeln“ werde ich gefragt, was ich für einen Sport mache, dann sag ich, viel laufen beim Kellnern, aber ich weiß selbst nicht genau woher meine Wadlmuskel kommen.

„Sind die aufgespritzt?“
ein Gast zu meinen Unterschenkeln

Bei den weiblichen Bedienungen ist das allerdings ähnlich. Bei ihnen zählen nicht die festen Wadeln sondern ein toller Busen in der Bluse. Die Mass werden beim Bedienen an die Brust gedrückt, was toll aussieht. So bekommen die gut bestückten Frauen mehr Aufmerksamkeit und daher mehr Trinkgeld. Denn, das Auge isst mit.

Wenn Sie als Kellner ein markantes Körperteil oder eine andere Eigenschaft besitzen, die Sie von den anderen Kollegen hervorhebt, dann spielen Sie diesen Trumpf voll aus. Er wird bei den Gästen gut ankommen. Natürlich nur solange Sie sich dabei wohlfühlen. Dass Sie sich gut fühlen und sich nicht künstlich verstellen, ist das A und O. Wenn Ihnen etwas unangenehm ist, merken das Ihre Gäste. Menschen sind sensible Wesen.

Drei Faktoren, warum es sich lohnt diesen Job zu machen

„Lieber einen wackligen Bierzelttisch als einen festen Arbeitsplatz. Man kann sitzen bleiben so lange man möchte und ist nicht gebunden an die acht Stunden.“

Bierzeltweisheit

Faktor Geld

Volksfeste sind gute Gelegenheiten um dazu zu verdienen. Hier kann man schnell schönes Geld machen, etwa auf manchen Festen in vier Tagen 1000 Euro. Mit einem Geldpolster schafft man sich finanzielle Sicherheit, etwa für die Urlaubskasse oder für zu bezahlende Kredite, fürs Studium oder um die Rente aufzubessern. Da schläft es sich besser!

Faktor Arbeitsumfeld

Als Kellner genießt man beim Arbeiten stets gute Unterhaltung und ein schönes Ambiente. Musik und Feierlaune bei der Arbeit sind angenehm fürs Gemüt.

Faktor Mensch

Den Mitmenschen zu dienen, sie zu bedienen und glücklich zu machen, schafft ein einmaliges Glücksgefühl. Die Arbeit mit Menschen schafft einen unbezahlbaren Mehrwert, dies berichten Arbeitnehmer aus verschiedensten sozialen Berufen.

Gesellige Sprüche über den Frohgenuss des Bieres

„Bei kaltem Wetter läuft die Nase
Bei kaltem Bier drückt die Blase... Prost!“

„Bier macht lustig, weise der Wein!
Drum trink beides, um beides zu sein! Prost!“

„Wirft uns das Bier auch nieder, wir trinken morgen wieder...Prost!“

„Bist du beim Bier, so bleibe dabei. Die Frau schimpft um zwölf genauso wie um zwei.“

„Am Morgen ein Bier und der Tag gehört Dir. Prost!“

„Oh Alkohol, oh Alkohol! Dass du mein Feind bist, weiß ich wohl. Doch in der Bibel steht geschrieben, du solltest deine Feinde lieben. Also Prost!“

„Mit des Bieres Hochgenuss wächst des Bauches Radius.“

„Ich trinke auf meine Frau, ich trinke auf meine Freundin. Gott mag sie segnen, dass sie sich nicht begegnen.“

„Ich kann nicht wiederstehn an einem Bierzelt vorbei zu gehn.
Wenn ich dann länger drin bin und raus komm, kann ich auch wieder nicht mehr stehn!“

„In den Festzelten is des a so, da nimm i koan af`s Korn; die Biermarken hab`n die Grosskopfet`en und d`Arbeit hab`n die Kloan."

„Wir saufen auch des Bier vom Kübl raus, das macht uns gar nichts aus."

„Soll denn das Bier im Keller liegen und ich hier vor Durscht in Ohnmacht fliegen?"

„Meine Schwiegermutter ging übers Gleis, kommt grade ein Zug, doch das Luder war schon drüber. Prost!"

„Das Schönste ist und bleibt auf der Welt,
a reiches Weib und a Sack voll Geld. Prost!"

„Kräht der Hahn draußen auf dem Haufen, kommt der Toni heim vom Saufen. Prost!"

„Des Bier im Bierzelt ist halt a wenig teuer, aber wir trinken unsere Massen trotzdem aus.
Mir zahlen für die Dummheit a Steuer, es wär besser, mir bleiben zuhaus, Prost!"
„Iss und trink solange das schmeckt, schon zweimal ist das Geld verreckt."

„So lang du bist noch am Leben, sollst du dein Geld selber ausgeben. Denn spätestens beim Leichenschmaus, geben für dich die andern aus."

„Das Wasser gibt dem Ochsen Kraft, dem Menschen Bier und Rebensaft. Drum danke Gott als guter Christ, dass du kein Ochs geworden bist."

„Prost, Prost, Proesterchen - im Bier sind Kalorien.
Prost, Prost, Proesterchen - im Schnaps ist Medizin.
Prost, Prost, Proesterchen - im Wein ist Sonnenschein.
Prost, Prost, Proesterchen - hinein, hinein, hinein!"

„Eins, zwei, drei, vier - der Vater sauft das Bier.
Vier, drei, zwei, eins - die Mutter kriegt keins."

„Prost, prost, prost – das die Gurgel nicht verrost.
So e Schöple Bier ist die beste Gurgelschmier.
Prost, prost, prost – das die Gurgel nicht verrost."

„Oh, du edler Gerstensaft, wie stärkst du meine Glieder! Gestern hast mich in den Graben reingehaut, heut probier ich dich gleich wieder....Prost!"

Anekdoten und skurrile Erlebnisse

Der eine oder andere Zwischenfall in meinen Jahren als Kellner ist mir im Gedächtnis geblieben. So gab es einige kuriose Fundsachen, wie ein Gebiss in einem leeren Masskrug! Auch eine Zahnspange und einen Ehering habe ich schon in leeren Krügen gefunden. Der erleichterte Besitzer des Eherings holte diesen am nächsten Tag tatsächlich ab.

Kellner: „Wie geht's der Herr?"
Gast: „Schlechte Leut geht's immer gut und mir geht's einwandfrei!"

Zwar sind wir Kellner an die zahlreichen besoffenen Gäste, die ihren Rausch in und um die Bierzelte ausschlafen gewohnt, doch ein Gast, der seinen Rausch auf einem Baum neben dem Zelt ausschlief, ist mir bis heute im Gedächtnis geblieben. Wie zur Hölle kam er da rauf?

Alkoholvergiftungen und Leute, die kurz davon waren, habe ich schon mehrere gesehen. Das schockiert mich heute nicht mehr. Unglaublich aber wahr waren jedoch einige Sturzbetrunkene, die ihr eigenes Erbrochenes im Bierkrug tranken. Ekelhaft!

Unvergessen bleibt ein Gast auf der Wiesn nach Schankschluss: „Wenn Du mir noch 6 Mass bringst, bekommst Du 1000 Euro von mir." Er zeigte mir das Geld. Ich glaube der hatte 10.000 Euro einstecken. Natürlich konnte ich diesen Wunsch dem Gast nicht erfüllen.

Was ich schon erlebt habe: Zehn Mann kommen richtig voll ins Bierzelt und bestellten zehn Mass, und keiner konnte mehr was trinken. Nach etlichen Stunden räumte ich die vollen abgestandenen Mass wieder ab.

An Gäste, die mir, wenn ich vollbeladen an ihrem Tisch ankomme, noch bevor ich etwas abstelle einen leeren Teller zum Abräumen hinhalten, habe ich mich schon gewöhnt. Aber Gäste, die sogar an meiner Kleidung ziehen, um auf sich aufmerksam zu machen, kann ich bis heute nicht leiden. Dieses Verhalten finde ich schon recht eigenartig. Aber mit Alkohol im Blut zeigen die Leute ihr wahres Gesicht, da kommt es im Bierzelt nicht selten zu emotionalen Gefühlsausbrüchen, Heul- und Schreikrämpfen, Beziehungsdramen, zügellosem Treiben, das mit Sex auf der Toilette endet. Alles schon erlebt. Immer wieder steigen Gäste auf die Tische und zeigen ihren

Oberkörper, die Frauen ihre nackten Brüste und so mancher seinen Allerwertesten. Nachdem diese Exhibitionisten dann von der Security zurückgepfiffen wurden, frage ich mich, inwiefern nun der Alkohol eine Rolle spielte und welchen Kick die Betroffenen davon bekommen haben.

Gott sei Dank musste ich es bisher nur einmal erleben, dass sich ein weiblicher Gast wegen sexueller Nötigung hilfesuchend an mich wand: Ein Mann hatte sich in die Damentoilette geschlichen und mit einem Camcorder heimlich Videos von den Frauen aufgenommen. Sofort bin ich mit der verzweifelten Frau zur Security, diese konnte den Straftäter schon nach wenigen Minuten stellen und der Polizei übergeben.

Ein paar charmante Erlebnisse hatte ich besonders mit älteren Gästen. Bei Seniorentagen wird auf manchen Festen der älteste Gast im Zelt geehrt. Ich habe mehrmals Senioren im Alter von 99 oder sogar 100 Jahren kennengelernt, die noch richtig gut drauf waren. Ein 91 jähriger Mann sagte mal zu mir: „Junger Mann, das Leben ist keine unendliche Prüfung, eher eine tägliche Übung. Also gehe ich noch ins Bierzelt so lange es geht und trinke eine Mass."

Danksagungen

Herzlichen Dank an die Brauerei Pyraser, die mir von Jenny Fromm, www.farbenfromm.de, die schönen und absolut treffenden Illustrationen für mein Buch anfertigen ließ.

Vielen Dank auch an die Neumarkter Lammsbräu, die Brauerei Kitzmann, die Nürnberger Versicherungen, an die Hans Müller HMP Medizintechnik GmbH, Kaiser Tracht und den Trachtenhof Nübler für die Unterstützung meines Projekts und die guten Ratschläge.

Großen Dank für die konspirativen Treffen und die Umsetzung meines Projekts an meinen Grafiker Egbert Schwab von Pre-Press Solutions und an meine Lektorin Katharina Wiese von www.textschmuck.com.

Mein Dank geht an alle Gäste, die ich im Lauf der Jahre bedienen durfte. Ich bedanke mich für jedes freundliche Lächeln und den mir als Kellner entgegengebrachten Respekt meiner Gäste. Natürlich möchte ich mich für das tolle Trinkgeld bedanken. Auch bei meinen Arbeitgebern bedanke ich mich ganz herzlich. Fehlen dürfen hier selbstverständlich nicht meine Kollegen sowie meine Freunde, von denen ich so manche Anregung bekommen habe: Elisa, Michaela, Martin Fuchs und Martin Hermann (beide Pfarrer), Helga, Frau Deutsch, Karin, Den Kedings, Tobias, Andreas, Lukas, Hubert, Kai, Hans-Jürgen, Markus, Zenti.

Zuletzt möchte ich mich besonders dafür bedanken, dass ich alles, was ich in diesem Buch niedergeschrieben habe in meinem Traumberuf als Kellner täglich selbst erleben darf.

Was ich mir wünsche

Mein persönlicher Wunsch ist, dass sich das Image meines Berufs durch dieses Buch deutlich verbessert. Denn die meisten meiner Kollegen machen diesen Job aufrichtig und mit sehr hohem Engagement.

Sie wissen jetzt, wie es geht – tun Sie es! Setzen Sie Ihr Wissen in die Tat um. Ich glaube fest daran, dass Ihre Träume und Wünsche wahr werden.

Impressum

1. Auflage

Verfasser und Herausgeber: Simon Traub, Drosselweg 16 a, 92318 Neumarkt i.d.OPf.
Kontakt: Simon-Traub@gmx.de

ISBN 978-3-00-052548-3

Lektorat und Umsetzung: Katharina Wiese, www.textschmuck.com
Cover, Layout und Satz: Egbert Schwab, PrePress Solutions

Druck:
WIRmachenDRUCK GmbH
Mühlbachstr. 7, 71522 Backnang, Tel. 0711 995982 -20,
info@wir-machen-druck.de

WirmachenDruck.de
Sie sparen, wir drucken!

Bildnachweis:

Illustrationen: Jenny Fromm, www.farbenfromm.de, S.7, S.14, S.27, S.59, S.60, S.68, S.91, S.128,

Egbert Schwab / Artalis-Kartographie, fotolia, #95247601: Karte S.95,

Simon Traub: Biermass Indizes S.33, Preisspickzettel S.132

Foto Hailer: Simon Traub Wadl S.135, Rückseite

Neumarkter Lammsbräu Foto S.16, S.110/ Logo S.30

Trachtenhof Nübler Logo S.40

Kaiser Tracht Logo S.74

Nürnberger Versicherungsgruppe Logo S.83 / Kellner Versicherungsübersicht S.82

Brauerei Kitzmann Logo S.111

Pyraser Landbrauerei Logo S.112

Hans Müller Medizintechnik GmbH Logo S.117

Umschlagfotos
© gajdamak, shutterstock.com
© SFC, shutterstock.com

Schreiben Sie mir!

Liebe Leserin, Lieber Leser,

ich bemühe mich sehr, Ihnen richtige und aktuelle Informationen an die Hand zu geben. Trotz meiner gründlichen Recherche sind auch in diesem Buch Fehler nicht ausgeschlossen. Sicher haben Sie Verständnis, dass ich dafür keine Haftung übernehmen kann.

Ich freue mich über Ihre E-Mail:

Simon-Traub@gmx.de